Hans-Jürgen Möller · Thomas Mann

Allitera Verlag

HANS-JÜRGEN MÖLLER studierte Medizin, Musikwissenschaft und Philosophie an den Universitäten Berlin, Göttingen und Hamburg. In seiner Dissertation untersuchte er in einer historischen Arbeit Aspekte im Grenzgebiet von Medizin / Psychologie und Musiktheorie/-philosophie, was ihn auch weiterhin wissenschaftlich beschäftigte. Nach dem medizinischen Staatsexamen in Hamburg arbeitete er am Schwerpunkt für Wissenschaftstheorie der Medizin an der Universität Münster. Dann durchlief er die medizinische Weiterbildung für das Fach Psychiatrie und Psychotherapie, vorrangig am Max-Planck-Institut für Psychiatrie in München. Dort absolvierte er auch die ersten Jahre der wissenschaftlichen Laufbahn. Nach erfolgter Habilitation für das Fach Psychiatrie / Psychotherapie wurde er 1980 zum C3-Professor an der Psychiatrischen Klinik der Technischen Universität München berufen. Von 1988 bis 1994 war er Ordinarius für Psychiatrie und Direktor der Klinik für Psychiatrie und Psychotherapie an der Universität Bonn. Von 1994 bis 2012 arbeitete er als Ordinarius für Psychiatrie und Direktor der Klinik für Psychiatrie und Psychotherapie an der Ludwig-Maximilians-Universität München. Seit 2012 ist er als Professor emeritus dort tätig. Neben einer Vielzahl wissenschaftlicher Arbeiten auf dem Gebiet psychiatrischer Forschung beschäftigt er sich mit musikwissenschaftlichen und wissenschaftstheoretischen Fragestellungen. Er wurde mit zahlreichen internationalen Ehrungen, u. a. mehreren Ehrendoktortiteln, für seine Forschungsleistungen ausgezeichnet.

HANS-JÜRGEN MÖLLER

Thomas Mann

Höhen und Tiefen seiner Beziehung zum Rotary Club und der »Münchner Protest«

Allitera Verlag

2. Auflage
Februar 2022
Allitera Verlag
Ein Verlag der Buch&media GmbH München

Layout, Satz und Umschlaggestaltung: Johanna Conrad
Gesetzt aus der Dax und der Adobe Garamond
Printed in Europe · ISBN 978-3-96233-277-8

Allitera Verlag
Merianstraße 24 · 80637 München
Fon 089 13 92 90 46 · Fax 089 13 92 90 65

Weitere Publikationen aus unserem Programm finden Sie auf www.allitera.de
Kontakt und Bestellungen unter info@allitera.de

Vorwort

Im Rahmen der von Herrn Präsident Dr. Karl Huber im Jubiläumsjahr (90 Jahre) des Rotary Club (siehe Geleitwort von Dr. Karl Huber) ausgerufenen Erinnerung an die Ausschlüsse von Mitgliedern des Rotary Club München zur Zeit der Herrschaft der Nationalsozialisten kam neben den jüdischen Mitgliedern auch Thomas Mann ins Blickfeld. Er ist das einzige Mitglied, das nicht wegen des Judentums, sondern aus politischen Gründen zur Aufgabe der Mitgliedschaft genötigt wurde. Das gab den Anlass, die Beziehung Thomas Manns zum Rotary Club München detailliert darzustellen.

Dabei wurde deutlich, dass Thomas Mann, Mitbegründer des Clubs im Jahr 1928, in den Anfangsjahren hoch geehrt wurde, u. a. als der »Nobelpreisträger« des Clubs. Als solcher trat er vorwiegend durch kulturelle-literarische Beiträge in Erscheinung. Der Wandel seiner politischen Einstellung vom ursprünglich konservativen / bourgeoisen Anhänger der Monarchie zum sozial-demokratisch orientierten Demokraten und sein zunehmend stärkeres politisches Engagement im Rahmen von öffentlichkeitswirksamen Vorträgen blieben im Clubleben im Hintergrund. Seine zunehmend deutlicher werdende öffentliche Kritik am Nationalsozialismus wurde von den Nationalsozialisten kritisch beobachtet und war offensichtlich einer der Hintergründe, Druck auf den Rotary Club München auszuüben, die Mitgliedschaft Thomas Manns zu beenden.

Es gab aber offensichtlich auch noch andere Hintergründe, die mit kulturellen / musikbezogenen Aspekten zusammenhängen. Die Vorträge Thomas Manns zum 50. Todestag Richard Wagners, in denen Mann u. a. auch kritische Bemerkungen über das künstlerische Schaffen Richard Wagners machte, wurden in der nationalistisch aufgeheizten Zeit zu einem Stein des Anstoßes und führten zum »Münchner Protest«, der von einigen Mitgliedern des Rotary Club München mitinitiiert bzw. unterstützt wurde. Er gab Anlass zur Distanzierung einiger Mitglieder von Thomas Mann und den Nationalsozialisten weitere Gründe, das Ende der Mitgliedschaft Thomas Manns zu fordern.

In diesem Buch wird versucht, diesem Aspekt und der komplexen Gemengelage in allen Details nachzugehen.

Viele haben mir bei der Realisierung dieses Buches geholfen. Namentlich erwähnen möchte ich insbesondere Herrn Prof. Dr. P. U. Unschuld, Herrn Dr. U. Wechsler, Herrn Dr. W. Göbel, Herrn Dr. K. Huber. Mein besonderer Dank gilt dem Bayerischen Staatsarchiv München für die Möglichkeit der Einsichtnahme in die Wochenprotokolle der Jahre 1928–1933 des Rotary Club München, insbesondere den Mitarbeitern für die Hilfestellung beim Studium der Akten.

Hans-Jürgen Möller

Geleitwort

Zur Entstehung dieses Buches ist es angebracht, einige kurze Anmerkungen voranzustellen:

Der Rotary Club München, dessen Präsident ich im rotarischen Jahr 2018/2019 war, wurde am 2. November 1928 gegründet. Er ist damit der drittälteste deutsche Rotary Club.

Die Gründung erfolgte in der Zeit, als Deutschland zehn Jahre nach dem Ersten Weltkrieg wieder auf einem guten Weg war, in der Völkergemeinschaft anerkannt zu werden. Unter den 45 Gründungsmitgliedern waren neben herausragenden Persönlichkeiten der Münchner Gesellschaft mehrere jüdische Bürger und auch der schon damals berühmte Schriftsteller Thomas Mann. Erster Gründungspräsident war der jüdische Unternehmer Felix Sobotka.

Anfang April 1933 wurde 13 jüdischen Mitgliedern und Thomas Mann handstreichartig von der Führung des Clubs die Mitgliedschaft entzogen. Diese aus antisemitischen, rassistischen und ideologischen Gründen im Kern der Anbiederung an das NS-Regime geschuldete Ausgrenzung unbescholtener Mitbürger war für mich der Anlass, zum 90-jährigen Jubiläum des Clubs mein Präsidentenjahr unter das Motto »Erinnern und Gedenken« zu stellen. Vor allem ging es mir darum, die 1933 ausgeschlossenen jüdischen Mitglieder ins Gedächtnis zu rufen, ihnen gleichsam »ein Gesicht zu geben« und damit den auch heute wieder sichtbaren Antisemitismus in Beziehung zu setzen. Hierzu recherchierten Mitglieder des Clubs deren Lebenswege, deren Wirken im Rotary Club und letztlich ihr Schicksal und z. T. das ihrer Angehörigen. Die Ergebnisse dieser aufgrund der Quellenlage z. T. sehr schwierigen Recherchen wurden zwischen Ende 2018 und Anfang 2020 in Vorträgen bei den Clubmeetings vorgestellt. Einen der Vorträge hielt mit sehr persönlichem Bezug der Enkel von Otto Bernheimer. Sehr rasch wurde vom Vorstand des Clubs beschlossen, dass diese Vorträge – wissenschaftlich aufbereitet – in einem Buch zusammengefasst und auch veröffentlicht werden.

Obwohl zunächst ausschließlich das Schicksal der jüdischen Mitglieder im Fokus des Vorhabens war, drängte es sich auf, auch die Mitwirkung von Thomas Mann im Rotary Club München und insbesondere seinen schmählichen Ausschluss in diesem Buch zu dokumentieren. Hans-Jürgen Möller, mein Vorgänger im Amt des Präsidenten, hat sich sofort bereit erklärt, diese Aufgabe zu übernehmen. Er hat sich hierzu intensiv mit dem Verhältnis von Thomas Mann zu Rotary, aber auch mit seiner Gegnerschaft zum Nationalsozialismus beschäftigt und ist dabei tief in die Jahre 1928 bis 1933 eingetaucht. Da bei Thomas Mann die Quellenlage gut und umfangreiche Literatur vorhanden war, ergab es sich zwangsläufig, dass seine Ausarbeitung wesentlich ausführlicher als die Beiträge zu den jüdischen Clubmitgliedern wurde. Aus diesem Grunde hat Hans-Jürgen Möller für das Rotary-Buch eine gekürzte und auf den Ausschluss Manns im April 1933 konzentrierte Fassung erstellt.

Seine vollständige Fassung der Ausarbeitung ist Inhalt dieses nun vorgelegten Buchs, die eine Fülle von Material verarbeitet, bereits Bekanntes zusammenfasst, aber auch neue Erkenntnisse bringt. Es wird versucht, den Weg Thomas Manns vom hochverehrten Mitglied des Clubs bis zu seinem völlig unerwarteten Ausschluss aus dem Club nachzuzeichnen und die Hintergründe zu analysieren. Dabei wird u. a. besonders ausführlich auf den »Münchner Protest« fokussiert, da es sich dabei um die einzige öffentliche, gegen Thomas Mann gerichtete Attacke handelte, an der einige Mitglieder des Rotary Club München federführend beteiligt waren.

Für diese präzise und wichtige Darstellung des Schriftstellers Thomas Mann in seinem Bezug zum Rotary Club München, aber auch in seinem engagierten Kampf gegen Nationalsozialismus und Unmenschlichkeit, gebührt Hans-Jürgen Möller großer Dank. Mögen seine Erkenntnisse und Bewertungen über diesen großen deutschen Schriftsteller vor allem dessen Leben und Persönlichkeit außerhalb des schriftstellerischen Wirkens abrunden und würdigen.

Das Verhalten des Rotary Club München im April 1933 gegenüber Thomas Mann kann zeigen, dass die Bewahrung von demokratischen und rechtsstaatlichen Prinzipien nicht durch Anbiederung und Mitläufertum Erfolg haben kann. Demokratie kann letztlich nur bestehen, wenn die breite Mehrheit demokratisch denkt, an Demokratie mitwirkt und ihre Werte verteidigt! Gerade Thomas Mann war und ist in diesem Sinne ein großes Vorbild.

Dr. Karl Huber
Ehemaliger Präsident des Bayer. Verfassungsgerichtshofs

Inhalt

Thomas Mann – zunächst verehrtes Gründungsmitglied, 1933 aus dem Rotary Club München ausgeschlossen

Hans-Jürgen Möller

Thomas Mann als konservativer Intellektueller aus bürgerlichem Milieu

Um die Geschichte zwischen Thomas Mann und dem Rotary Club München (RCM) besser zu verstehen, scheint es wichtig, auf einige Aspekte seiner Lebensgeschichte einzugehen. Insbesondere die Herkunft aus gehobenem bürgerlichem Milieu und seine Entwicklung vom Konservativen / Deutschnationalen zum Demokraten / Sozialisten, das Insistieren Manns, den Humanismus / die Bürgerlichkeit als verbindendes Element beider Positionen zu sehen und sich zeitweise sowohl hier als auch dort zu verorten, werden so besser verständlich. Die politische Orientierung Thomas Manns scheint aber für den Rotary Club München nicht von zentraler Bedeutung gewesen zu sein, sondern die Attraktivität seiner Person für den Club kam wohl vorrangig aus seinen außerordentlichen Erfolgen als Schriftsteller und seiner interessanten Persönlichkeit als Mann des gehobenen Bürgertums. Gleichermaßen resultierte wahrscheinlich die Attraktivität des RCM für Thomas Mann aus der interessanten Mischung exklusiver Mitglieder, die aus der kulturell und finanziell gehobenen Gesellschaft stammten.

Thomas Mann (1875–1955) kam aus einer angesehenen, wohlhabenden, in der schönen Hansestadt Lübeck seit Generationen ansässigen Patrizier- und Kaufmannsfamilie. Die verschiedenen allgemeinen Aspekte Thomas Manns, auf die hier nicht eingegangen werden kann, sind in allen Details u. a. den folgenden Biografien zu entnehmen: Blödorn 2015, Harprecht 1995, Kolbe 1987, Kurzke 1985, Prater 1990. Als Thomas Mann 16 Jahre alt war, starb sein Vater, der ihm und den anderen Mitgliedern der Familie ein gut zum weiteren Lebensunterhalt ausreichendes Vermögen hinterließ. Die schulische Ausbildung interessierte Thomas Mann nicht. 1894 verließ er als Obersekundaner vorzeitig das Gymnasium und folgte dann seiner bereits umgezogenen Mutter und den Geschwistern von Lübeck nach München. Eine bürgerliche Berufsausbildung – er arbeitete vorübergehend bei einer Versicherungsgesellschaft – befriedigte ihn nicht. Er war schon früh im Leben fasziniert von schriftstellerischer Tätigkeit. 1894 stellte er seine literarischen Qualitäten mit einer Novelle unter Beweis. 1895 begann er in München an der Universität Vorlesungen zu besuchen, um später einen journalistischen Beruf auszuüben. Die ihm zufallenden Zinsen des ererbten Vermögens ermöglichten ihm aber bereits damals, als ein freier Schriftsteller zu leben.

Die großbürgerliche Familienatmosphäre und die geordneten bourgeoisen Lebensformen der gehobenen hanseatischen Gesellschaft in Lübeck hat er, wenn auch poetisch verfremdet und überhöht, in seinen »Buddenbrooks« (erschienen 1901) dargestellt. Diese romanhafte Darstellung umfasst auch die schon erkennbaren individuellen und gesellschaftlichen Veränderungen in eine neue Zeit. Die Familiengeschichte ist im Grunde eine Verfallsgeschichte des Bürgertums. Mit diesem meisterhaften und sehr schnell in Deutschland und international viel beachteten Roman schuf er ein Werk der Weltliteratur und stellte seine schon früh erkennbare literarische Begabung endgültig unter Beweis. Thomas Mann knüpfte (Reed 1985) u.a. an die weit ausholende Erzählweise Tolstois und die Symbol- und Leitmotivtechnik Fontanes an, entwickelte in diesem und den folgenden Werken einen immer mehr verfeinerten syntaktisch komplexen, verschachtelten, ironisierenden Sprachstil sowie ein vertieftes psychologisches Interesse an den einzelnen Romanfiguren – dies allerdings meistens verbunden mit skeptisch-ironischer Distanz – und den jeweiligen gesellschaftspolitischen Rahmenbedingungen.

Wie das konservative Elternhaus war er selber ursprünglich in seiner politischen Haltung sehr konservativ und unter allen Aspekten ein typischer Repräsentant der Bourgeoisie. Durch Einheirat (1905) in eine sehr angesehene Familie Münchens, die Familie des Mathematikers Alfred Pringsheim – eine voll assimilierte jüdische Familie –, und durch die hervorragende Resonanz und die sehr guten finanziellen Erträge seiner literarischen Werke gelang es ihm, den großbürgerlichen Rahmen auch in seinem weiteren Leben in München zu garantieren. Mit seinem zweiten großen Roman »Der Zauberberg« (erschienen 1924), von der atmosphärischen Erfahrung mit der Tuberkulose-Behandlung (1912) seiner Frau Katia in einem großen Schweizer Sanatorium in Davos inspiriert, folgte er, auch im Künstlerischen weiterhin ganz konservativ, der Tradition des europäischen Bildungsromans, allerdings wiederum im Sinne einer Verfallsgeschichte mit zeittypischer Assoziation.

Thomas Mann verfasste im Alter von 20 Jahren (1895/96), damaligem Zeitgeist folgend, für die nationalchauvinistische/antisemitische Monatsschrift »Das zwanzigste Jahrhundert«, deren Herausgeber kurzzeitig sein Bruder Heinrich Mann war, sporadische Beiträge nationalistischen Inhalts. Auch wenn Thomas Manns Beiträge moderater ausfielen als die sonstigen Artikel der Zeitschrift, enthielten sie doch u.a. antijüdische Stereotype, die um die Jahrhundertwende auch in seinen eigentlich literarisch zu nennenden Arbeiten zu finden sind (Wimmer 2004, Thiede 1998; siehe auch Thomas Mann – Wikipedia 2022). Selbst später, z.B. 1918/19 – er war damals 43-jährig und schon seit 1905 mit der aus einer voll assimilierten jüdischen Familie stammenden Katia Pringsheim verheiratet –, gibt es eine Reihe antisemitischer Äußerungen von ihm, vorrangig in den Tagebüchern, wie kürzlich in einem Beitrag von Michael Brenner (Brenner 2017) dargestellt wurde. Daraus lässt sich schließen, wie sehr das Antisemitische dem allgemeinen Zeitgeist entsprach und wie er selbst von diesem Denken geprägt wurde.

Den Ersten Weltkrieg beschrieb er als junger Mann – wie viele andere berühmte Literaten (z. B. Gerhart Hauptmann, Robert Musil) und Repräsentanten bürgerlicher Kreise der Zeit – aus nationalistischen und allgemeinen (bei vielen, nicht bei Thomas Mann, u. a. sozialdarwinistischen) Überlegungen als etwas Positives (Görtemaker 2005). Mit dieser Anschauung stand er, zusammen mit seinen Gesinnungsgenossen, im Gegensatz zu den frankophilen, sog. »Zivilisationsliteraten«, zu denen u. a. sein Bruder Heinrich Mann gehörte. In einem Brief an seinen Bruder Heinrich äußerte er u. a.: »Muß man nicht dankbar sein für das vollkommen Unerwartete, so große Dinge erleben zu dürfen?« (Zit. aus Thomas Mann – Wikipedia 2022) In seinem unmittelbar nach Ausbruch des Ersten Weltkriegs in der Zeitschrift »Neue Rundschau« erschienenen Essay »Gedanken im Kriege« verteidigte er seine militaristischen Gesinnungsgenossen sowie den imperialistischen Zeitgeist und pries den Krieg als Befreiung. Er brach den Kontakt zu seinem Bruder Heinrich, der die 1914 vorherrschenden chauvinistischen Ideen in seinen Schriften attackierte, ab. Um die damaligen Ansichten von Thomas Mann besser aus der Zeit heraus zu verstehen, ist es wichtig zu wissen, dass um 1914 die Idealisierung des Krieges sowohl in Deutschland als auch in Frankreich weit verbreitet war. Diese Sichtweise wurde als Reaktion auf eine subjektiv wahrgenommene Periode der Dekadenz zu erklären versucht. Der Krieg wurde als »läuternder Urkampf« romantisch verklärt, wohl z. T. sozialdarwinistischen Ideen folgend, ohne dass dies immer ausdrücklich erklärt wurde.

Als früh Ausgemusterter wollte er wenigstens Kriegsdienst mit der Feder leisten und schrieb im Herbst 1914 mehrere Aufsätze konservativen und kriegsbejahenden Inhalts: »Gedanken im Kriege«, »Gute Feldpost«, »Friedrich und die große Koalition« (Details der Inhalte siehe Görtemaker 2005, S. 25–43). Mit diesen Schriften machte er sich bei pazifistischen Schriftstellern, den sog. »Zivilisationsliteraten«, unbeliebt. Während der Dauer des Ersten Weltkrieges von 1914 bis 1918 schrieb er das umfangreiche theoretische Werk »Betrachtungen eines Unpolitischen«. Jedes literarische Kunstwerk wäre durch so weitreichende Überlegungen dieser Art überladen worden, deshalb wählte er die Form eines großen, mehr als 600 Seiten umfassenden theoretischen Essays. Diese umfangreiche Auseinandersetzung mit der Zeitenwende in Europa schien ihm außerordentlich wichtig und er ließ deswegen die schon begonnene Arbeit am Roman »Der Zauberberg« liegen.

Die »Betrachtungen eines Unpolitischen« (Mann 1918) fallen im Gesamtwerk Thomas Manns aus dem Rahmen. Sie sind das einzige, essayistisch geschriebene, große philosophisch-theoretische Werk des Schriftstellers mit politischen Inhalten. Die 640 Seiten sind in zwölf Kapitel gegliedert, denen eine nachträglich geschriebene Vorrede vorangestellt ist. Der große Essay beginnt als persönliche Rechtfertigung einer patriotischen Haltung. In der für Mann typischen Ausdrucksweise voller Ironie und Eleganz wuchert die Prosa in alle Richtungen. Neben Abhandlungen über Moral und Ästhetik steht Autobiografisches; auf konkrete Kunstkritik folgt eine Philosophie der Politik. Der exzellente, detailreiche und sehr umfangreiche Kommentarband von Kurzke (2009) hilft, die vielen Urgründe und Verästelungen der Gedankenwelten zu erschließen. Nachfolgend können nur ein paar wenige zentrale Aussagen referiert werden.

Der Weltkrieg der Entente-Mächte Frankreich, England und Russland gegen Deutschland sei auch ein Konflikt der Weltanschauungen. Die Ideale von Demokratie, Fortschritt und Freiheit würde von den Gegnern als Deckmantel für eine deutschfeindliche Politik missbraucht. Der Krieg sei eine Verschwörung der Zivilisationsmächte gegen das Deutschtum. Das Pathos der Welt-Demokratie entspreche nicht dem konservativen und unliterarischen germanischen Wesen.

Die Demokratie sei undeutsch, weil sie gleichbedeutend mit der Politik selber sei. Was die Mehrheit wolle, müsse nicht zwangsläufig gut für die Masse sein: Der Volkswille sei nicht automatisch das Volkswohl. Eine Demokratie könne ihrem eigenen Untergang zustimmen; Stimmen-Zählen sei daher nicht der allein selig machende Weg. Aristokratische Auslese und Volkstümlichkeit hätten ihre Vorteile. Für die Demokraten bildeten Geist und Macht eine Antithese.

Die »Betrachtungen eines Unpolitischen« sind die Verteidigungsschrift eines konservativen Kriegsbefürworters, der sich für seine Ansichten rechtfertigt und seine Gegner kampfeslustig angreift. Im Zentrum steht der behauptete Gegensatz von Kultur und Zivilisation: Erstere sieht Mann in Deutschland, Letztere in Frankreich beheimatet. Diese Argumentation reicht bis in die Romantik zurück.

Angefangen bei der scharfen Kritik der Demokratie bis hin zur Hymne auf den Krieg erscheint Mann als konservativ, nationalistisch, reaktionär und antidemokratisch.

Für die zweite Auflage (Mann 1922) nahm Thomas Mann eine Reihe von Kürzungen vor, schönte dabei allerdings entgegen der Vorwürfe im sog. »Revisionsstreit« (s. u.!) nicht etwa die antidemokratischen Passagen, sondern ließ vielmehr den größten Teil der Polemik gegen Romain Rolland und gegen seinen Bruder Heinrich Mann weg (Kurzke 2009).

Die »Betrachtungen« fanden guten Anklang, wurden aber gemessen an Auflage-/Verkaufszahlen im Gegensatz zu dem damals schon erschienenen Roman »Buddenbrooks« oder dem wenige Jahre nach den »Betrachtungen« erschienenen Roman »Der Zauberberg« nicht in großem Umfang verkauft und auch nicht in andere Sprachen übersetzt (Hansen 2013). Dies ist im Hinblick auf das recht schwierig zu lesende Werk, dessen vorrangig theoretische Argumentationslinien und die ständigen Bezugnahmen auf Literarisches und Philosophisches verständlich. Das darf aber nicht darüber hinwegtäuschen, dass das Werk von enormer Bedeutung und hohem politischem Einfluss war. Die »Betrachtungen« galten als eine Art Grundlagenwerk für die sogenannte »Konservative Revolution« während der Weimarer Republik, die als Alternative zur Demokratie einen autoritären Obrigkeitsstaat forderte.

Wie Hansen (Hansen 2013, S. 75) in seiner großen Monografie »Betrachtungen eines Politischen« darstellt, haben die »Betrachtungen« Thomas Manns Bedeutung in der Öffentlichkeit verändert. Durch sie wurde er zu einem nationalen Repräsentanten all jener, die sich gegen die Republik zur Wehr setzten oder zumindest angesichts der widrigen Verhältnisse wenig Verständnis für die Republik aufbrachten. Thomas Mann wurde zu einem Hoffnungsträger der Gegner der Weimarer Republik, den man gern als Redner bei verschiedenen Anlässen im In- und Ausland ins politische Geschehen einzubinden versuchte.

1919 wurde Thomas Mann von der Universität Bonn die Ehrendoktorwürde verliehen (Hansen 2013, S. 74) Mit dieser Ehrung wurde vorrangig das schriftstellerische Schaffen gewürdigt, aber gleichzeitig auch Thomas Manns konservative deutschnationale Gesinnung und seine Ablehnung der Weimarer Republik, wie sie sich in den »Betrachtungen eines Unpolitischen« darstellten. Thomas Mann sollte in Deutschland als zeitgenössischer Nationalschriftsteller etabliert werden. Dies alles waren die Intentionen des die Ehrung initiierenden, konservativ nationalistisch orientierten Bonner Germanistikprofessors Berthold Litzmann, der der Weimarer Republik ablehnend gegenüberstand.

Es ist interessant, sich diesen Hintergrund und diese frühe biografische Entwicklung Thomas Manns zu vergegenwärtigen, um zu erkennen, wie sehr auch er von Zeitströmungen – damals im Sinne des Konservatismus und Nationalismus – beeinflusst wurde und dass es viele Jahre brauchte, bis er seine politische Orientierung änderte. Er war schon über 45 Jahre alt, als seine politische Kehrtwende begann. Dieser Sachverhalt wird oft übersehen. Das hängt vielleicht auch damit zusammen, dass er versuchte, seine verschiedenen politischen Positionen unter den Begriffen Humanismus / Bürgerlichkeit zu subsumieren und eine wirkliche Kehrtwende, so z. B. in der Diskussion um die »Betrachtungen eines Unpolitischen« und deren Veränderungen, nicht sehen bzw. verwischen wollte.

Thomas Manns politische Wandlung zum Demokraten / Sozialisten

Schon kurze Zeit nach der Drucklegung (1918) der »Betrachtungen eines Unpolitischen« folgte im Rahmen der konkreten Erfahrungen mit der politischen Entwicklung in der Weimarer Republik eine immer stärkere Distanzierung Manns von den dort dargelegten Gedanken und politischen Positionen. Seine dann folgenden Überlegungen wurden nicht mehr so vordergründig von kulturellen, geisteswissenschaftlichen und philosophischen Gedanken geprägt, sondern immer mehr von den Erfahrungen in der politischen Alltagswelt (Hansen 2013). Seiner stärkeren Einmischung in die Welt politischen Denkens lag aber auch ein Wandel in seiner Grundeinstellung zugrunde. Er begriff nun seine bisherige Flucht in eine, wie er selbst sagte, durch Reichsgründung und Industrialisierung induzierte »machtgeschützte Innerlichkeit« und die damit verbundene Abwesenheit einer politisch-gesellschaftlichen Dimension in seinem Werk als einen Mangel (Görtemaker 2005, S. 22).

Im Folgenden werden einige der wesentlichen Etappen der Loslösung Thomas Manns von dieser konservativen und antidemokratischen Position sowie der Entwicklung zum Befürworter der Demokratie und des Sozialismus dargestellt.

Nach Niederschlagung der Räterepublik (1919) in Bayern hat Thomas Mann, unter dem Eindruck der Verantwortungsethik des von ihm verehrten Soziologen Max Weber, einen Aufruf mit unterzeichnet – zusammen u. a. mit Bruno Walter, Rainer Maria Rilke, Ricarda Huch und mit den späteren Rotary-Mitgliedern Theodor Fischer und Emil Preetorius –, der das rechte und das linke politische Lager zur Mäßigung und zur Zusammenarbeit aufrief (Erdmann 2018, S. 326). Das Bürgertum solle seiner Schicksalsgemeinschaft mit dem arbeitenden Volk innewerden, zum Wohle des Volkes. In diesem Votum kündigte sich bereits Thomas Manns Hinwendung zum Republikanismus und Sozialismus an, obwohl er bei der Aktion nicht die treibende Kraft war.

Den ersten großen Schritt eines von außen wahrgenommenen radikalen Wechsels seiner politischen Anschauung machte Thomas Mann mit seiner Rede »Von deutscher Republik«, die er am 13. Oktober 1922 in Berlin aus Anlass des 60. Geburtstags von Gerhart Hauptmann im Berliner Beethoven-Saal vortrug (Hansen 2013, S. 86 ff.). Ausgehend von der Volkstümlichkeit Gerhart Hauptmanns legte Thomas Mann ein Bekenntnis zur Weimarer Republik ab. Er erklärte, dass die Demokratie – anders als ihre Gegner behaupteten – zur deutschen Kultur und Tradition besser passe als Wilhelminismus und »sentimentaler Obskurantismus«. Auch wenn die Rede im national-konservativen Denken verankert blieb, unterstrich Thomas Mann mit ihr sein Engagement gegen völkisch-antisemitische Umtriebe und für die Humanität, für »deutsche Menschlichkeit«. Er setzte dabei die Begriffe Demokratie und Menschlichkeit / Humanität synonym.

In diesem Kontext ist zu betonen, dass sich Thomas Mann von Anfang an in einem bürgerlichen Sinne zum politischen Gedanken der Humanität bekannte. »Dieser war jedoch nicht an einem modernen Begriff der Demokratie oder gar an einem republikanischen Verständnis orientiert, sondern wurde gespeist aus patrizischem Erbe, einem im Grunde vorbürgerlichen, aristokratischen Staats- und Gesellschaftsideal, das sich aus der antiken wie der christlich-abendländischen Geistesgeschichte herleitete und wiederum nicht in erster Linie politisch, sondern künstlerisch bestimmt war: dem Geniegedanken, dem Bewusstsein der Nicht-Gleichheit des Geistes und der Fähigkeit zur Kunst, aber auch dem Anspruch, dem außergewöhnlichen Talent jenseits ökonomischer und alltäglicher Zwänge außerordentliche Voraussetzungen einzuräumen, damit die Begabung sich im weitesten Sinne frei entfalten konnte« (Görtemaker 2005, S. 22 / 23).

Thomas Manns Bekenntnis zur Republik erfolgte nicht aus einem inneren Sinneswandel, sondern war offenbar äußeren Anlässen, die die Radikalisierung der rechten Politikszene zeigten, geschuldet (Görtemaker 2005, S. 51 ff.). Nach über 300 politischen Morden in den zurückliegenden drei Jahren fühlte er eine persönliche Schuld an dem verbreiteten öffentlichen Schweigen. Er wollte mit der Rede die Weimarer Republik unterstützen, die Jugend für die Weimarer Republik gewinnen und helfen, dem Chaos der widerstrebenden politischen Kräfte ein Ende zu bereiten. Die Konservativen waren entsetzt und werteten die Rede als Treuebruch und Verrat.

Zu Beginn von 1923 veröffentliche Thomas Mann die Rede als Broschüre (Mann 1923). Er versah diese Publikation mit einem Vorwort, in dem er erklärte, dass es bei ihm mit dieser Rede keine Sinnesänderung gegenüber den »Betrachtungen eines Unpolitischen« gegeben habe. Sein Zuspruch zur Republik setze die Linie der »Betrachtungen« genau und ohne Bruch bis heute fort und seine Gesinnung sei unverwechselt, unverleugnet die jenes Buches; diejenige deutscher Menschlichkeit. (Hansen 2013, S. 152) Hansen (2013) macht weitergehende Ausführungen, warum diese Sichtweise trotz aller widersprüchlichen Details der »Betrachtungen« im Prinzip richtig sein könnte, und verweist auf die weitgehende und z. T. kontroverse Interpretierbarkeit verschiedener Aussagen der Betrachtungen. Kuschel (2006) sieht den Begriff »Humanität« als Kernbegriff, um aus Thomas Manns Sicht die Brücke zwischen den konservativen Aussagen von 1918 und den anders gerichteten Aussagen von 1922 bzw. 1923 zu einer Einheit zu verbinden. Thomas Mann sieht in »Humanität« den Begriff, der eine »Mitte« benennt, die angesichts der Extreme der Zeit dringend nötig sei: »eine Mitte zwischen ästhetizistischer Vereinzelung und würdelosem Untergange des Individuums im Allgemeinen; zwischen Mystik und Ethik, Innerlichkeit und Staatlichkeit; zwischen todverbundener Verneinung des Ethischen, Bürgerlichen, des Wertes und einer nichts als wasserklar-ethischen Vernunftphilisterei« (Mann: »Von deutscher Republik«, 1923, zit. nach Kuschel 2006, S. 86–87).

Seit diesem Manifest wurde Thomas Mann zunehmend von den republikanischen und liberal orientierten politischen Parteien und Richtungen zu Reden im Rahmen verschiedener politischer Kontexte, über deutsche Kultur und die politische Entwicklung in Deutschland u. a. eingeladen (Hansen S. 142 ff., S. 153 ff.). Er wurde so immer mehr als ein europäischer/internationaler Botschafter des damaligen deutschen Denkens angesehen. Er wurde zunehmend zu einem Gegner seiner früheren Anhänger der konservativen Kreise und zugleich zu einem neuen Verbündeten derjenigen, die für die Republik, die Demokratie und den Humanismus eintraten (Hansen 2013, S. 155). In weiten, insbesondere konservativen Kreisen musste er viel Ablehnung wegen der »Republik-Rede« hinnehmen. Trotz dieser Kritik zog er sich nicht mehr von der politischen Bühne zurück, sondern vertrat offen seine Ansichten und erschien als Repräsentant der Weimarer Republik.

Ohne dies im Einzelnen weiter darzustellen, sei in diesem Kontext auch auf die Rede über »Geist und Wesen der Republik« hingewiesen, die Thomas Mann im Juni 1923 im Rahmen der Gedenkfeier der »Arbeitsgemeinschaft republikanischer Studenten« Münchens für den im Vorjahr ermordeten, ehemaligen deutschen Außenminister Walther Rathenau hielt (Hansen 2018, S. 155). Auch die Rede Thomas Manns »Zitat zum Verfassungstag« am 11. August 1924 in Stralsund ist in diesem Kontext zu erwähnen.

1924 wurde Karl Scharnagel von der Bayerischen Volkspartei, Gründungsmitglied des RCM, Bürgermeister von München. Er betrieb eine sehr konservative Kulturpolitik im Sinne von rein, unverfälscht deutsch und christlich. Was dieser Zielsetzung widersprach, wurde verboten, u. a. bestimmte Theaterstücke von Frank Wedekind, Carl Zuckmayer, Alfred Döblin. Dabei spielte u. a. auch der zunehmende Druck der NSDAP auf Stadträte eine Rolle. Viele bedeutende Künstler verließen München aus Besorgnis über die kulturelle Zukunft der Stadt. Da ergriff Thomas Mann die Initiative und organisierte 1926 unter der Trägerschaft der Deutschen Demokratischen Partei (DDP) eine große öffentliche Kundgebung (1000 Teilnehmer!) in der Münchner Tonhalle zum Thema »Kampf um München als Kulturzentrum«. Die sechs Vorträge, u. a. der Vortrag von Thomas Mann »Bleibt München Kulturzentrum?«, wurden 1926 von Thomas Mann im Verlag des späteren RCM-Mitglieds Richard Pflaum veröffentlicht (Mann 1926). Thomas Mann betonte im Vorwort die Bedürfnisse des liberalen, bildungsfreundlichen Publikums, das den von der Presse bedienten Vulgär-Faschismus satthabe.

Darin hatte sich Thomas Mann aber getäuscht. 1929 begann der nationalsozialistische Kampfbund für deutsche Kultur (KfdK) unter Alfred Rosenberg in München rege politische Aktivitäten zu entwickeln. 46 Münchner Universitätsprofessoren unterzeichneten einen Aufruf »an alle deutschbewußten akademischen Lehrer«, auch der Rotarier Karl Alexander von Müller. Der Kreis der Befürwörter reichte über die Anhängerschaft der NSDAP hinaus. (Erdmann 2018, S. 328–9)

Die drei letzten Namenserwähnungen machen deutlich, wie unterschiedlich die Positionen innerhalb des RCM sein konnten: Scharnagel rechtskonservativ, Mitglied der Bayerischen Volkspartei, Pflaum liberaldemokratisch wie damals Thomas Mann, Alexander von Müller nationalsozialistisch.

In dem Gesamtkontext ist der sog. »Editionsstreit« (Erdmann 2018, S. 322–23) von Bedeutung. Er begann 1927, ausgelöst von Nikolaus Cossmann. Es ging um die aus Sicht Cossmanns nicht offengelegte Kürzung (38 Seiten) der »Betrachtungen eines Unpolitischen« in der zweiten Auflage von 1922. Der Streit gipfelte darin, dass Thomas Mann sein Vorgehen in einem kritischen Brief an Hübscher, Redakteur der »Münchner Neusten Nachrichten«, verteidigte, den dieser am 13. August 1929 in einem Beitrag auf der Titelseite des »Berliner Tagesblatts« veröffentlichte. Seine Argumentation – u. a. sprach er sarkastisch von einem »nationalistischen Kopfstand« im Hinblick auf die öffentliche Verehrung von drei Ozeanfliegern und ablehnend gegenüber jenen Münchner Universitätsprofessoren, die hinsichtlich der Ermordung Rathenaus »Bravo, einer weniger« sagten – wurde in den konservativen Kreisen mit Ärger und Befremden aufgenommen. Man vermutete, dass es Thomas Mann bei der Kürzung darum ging, den Wandel seiner politischen Einstellung seit 1918 bedeckt zu halten. De facto hatte er allerdings keine der politisch relevanten Aussagen gekürzt oder verändert.

Von besonderer Bedeutung im Sinne der öffentlichen Darstellung seiner zum Demokratie-Befürworter gewandelten Position ist die 1930 gehaltene »Deutsche Ansprache. Ein Appell an die Vernunft«, die er am 17. Oktober 1930 im Berliner Beethoven-Saal hielt. Mit ihr reagierte er auf die Reichstagswahlen im September 1930, bei denen die NSDAP mit 18,3 Prozent ihren Stimmenanteil versiebenfachte und nach der SPD die zweitstärkste Fraktion stellte. Die durch Zwischenrufe von SA-Leuten und daraufhin von eintreffenden Polizeikräften gestörte Rede rief ein deutliches Presse-Echo hervor und stand am Beginn einer Phase verstärkten politischen Engagements von Thomas Mann.

Im Vergleich zu anderen Werken beruhte der Vortrag weniger auf geistesgeschichtlichen Bezügen als vielmehr auf der Analyse des konkreten politischen Geschehens. In ungewohnter Deutlichkeit nahm Mann politisch Stellung und überwand das bis dahin mit Zitaten, Bezügen und Bildungsfragmenten arbeitende, zurückhaltende Andeuten seiner politischen Sichtweisen.

Mit seinem später publizierten Vortrag (Mann 1930), den er am selben Ort wie seine Republikrede des Jahres 1922 hielt, wollte Thomas Mann »dem Bürgertum die Ursprünge der nationalsozialistischen Welle erläutern, die im Begriff schien, alles mit sich fortzureißen«. Er analysierte die innen- und außenpolitische Lage Deutschlands und rief das Bürgertum dazu auf, gegen den Nationalsozialismus an der Seite der Sozialdemokratie zu stehen.

Gleich zu Beginn erklärte er, wie die Umstände ihn nötigen würden, die ästhetische, allgemein-menschliche Sphäre reinen Künstlertums zu verlassen, in der sein Werk sich sonst bewege. Er sei kein »Anhänger des unerbittlich sozialen Aktivismus, möchte nicht mit diesem in der Kunst, im Nutzlos-Schönen einen individualistischen Müßiggang erblicken«, dessen Unzeitgemäßheit ihn »fast der Kategorie des Verbrecherischen zuordnet«, obwohl die Epoche des »reinen Spiels« (Schiller), des ästhetischen Idealismus vorüber sei. Thomas Mann überdachte mit diesen Worten seine Distanz zur Politik, hinterfragte seinen eigenen ästhetischen Standpunkt und betonte, dass die spielende Vertiefung ins Ewige der Kunst bisweilen zur seelischen Unmöglichkeit werde. Er sah den Platz des Bürgertums an der Seite der Sozialdemokratie.

Mit dramatischen Worten geißelte er die irrationalen Vorgehensweisen der Nationalsozialisten: »Der exzentrischen

Seelenlage einer der Idee entlaufenen Menschheit entspricht eine Politik im Groteskstil mit Heilsarmee-Allüren, Massenkrampf, Budengeläut, Halleluja und derwischmäßigem Wiederholen monotoner Schlagworte, bis alles Schaum vor dem Munde hat. Fanatismus wird Heilsprinzip, Begeisterung epileptische Ekstase. Politik wird zum Massenopiat des Dritten Reiches oder einer proletarischen Eschatologie, und die Vernunft verhüllt ihr Antlitz.« (Mann 1930, S. 19) Er fragte, ob das deutsch sei und ob »das Wunschbild einer primitiven, blutreinen, herzens- und verstandesschlichten, hackenzusammenschlagenden, blauäugig gehorsamen und strammen Biederkeit, diese vollkommene nationale Simplizität in einem reifen, vielerfahrenen Kulturvolk wie dem deutschen« überhaupt verwirklicht werden könne. Dadurch hatte er sich öffentlich als prominenter Gegner des Nationalsozialismus dargestellt und geriet in den kritischen Fokus der Nazis, was in den Folgejahren offensichtlich noch zunahm.

Das »Bekenntnis zum Sozialismus« rundete die Reihe dieser politischen Aussagen ab. Thomas Mann hegte noch relativ lange die Hoffnung, dass die Nazis nicht die absolute Mehrheit erreichen würden. In den Tagen des Jahreswechsels von 1932 auf 1933 verfasste er für eine Veranstaltung des Sozialistischen Kulturbundes in der Berliner Volksbühne sein »Bekenntnis zum Sozialismus«. Am 21. Februar 1933 veröffentlichte die sozialdemokratische Zeitung »Münchner Post« auf ihrer Frontseite einen ganzseitigen Beitrag von Thomas Mann unter der Überschrift »Bekenntnis zum Sozialismus« (Faksimile-Kopie in Erdmann 2018, S. 324). Es handelte sich dabei um einen leicht gekürzten langen Brief, den Thomas Mann am 12. Januar 1933 an den damaligen Kultusminister Adolf Grimme geschrieben hatte und der auf der Kundgebung des sozialistischen Kulturbundes am 19. Februar 1933 in Berlin hätte verlesen werden sollen. Dazu kam es aber nicht wegen des Verbots der Veranstaltung durch die Nationalsozialisten.

Thomas Mann erneuerte sein Bekenntnis zur sozialen Republik und zu der Überzeugung, dass der geistige Mensch bürgerlicher Herkunft heute auf die Seite des Arbeiters und der sozialen Demokratie gehört: Sozialismus sei für ihn nichts anderes als der pflichtmäßige Entschluss, den Kopf nicht mehr vor den dringendsten Anforderungen der Materie des gesellschaftlichen kollektiven Lebens in den Sand der himmlischen Dinge zu stecken, sondern sich auf die Seite derer zu schlagen, die der Erde einen Sinn geben wollen, einen Menschensinn.

»In diesem Sinne bin ich Sozialist. Und ich bin Demokrat in dem einfachen und allgemeinen Sinn, dass ich an die Unvergänglichkeit von Ideen glaube, die mir mit der Idee des Menschen selbst, mit jedem Gefühl für die Tatsache Mensch unverbrüchlich verbunden scheinen – der Idee der Freiheit zum Beispiel ...«

Es wird deutlich, dass sein Begriff von Sozialismus nicht im Sinne einer politischen Partei gemeint war – erst recht nicht im Sinne von Kommunismus, wie ihm später unterstellt wurde –, sondern offen und darüber hinausgehend, mehr im Sinne von Humanismus, wie er an anderer Stelle und in anderem Kontext erklärt hat.

Das Rasen der nationalistischen Leidenschaften sei nichts weiter als ein spätes und letztes Aufflackern eines schon niedergebrannten Feuers. Ein sterbendes Wiederaufflammen, das sich selbst als neue Lebensglut missverstehe. »Und alle Tatsachen des Lebens und der Entwicklung, die wirtschaftlichen, technischen und geistigen zeugen dafür, dass die Zukunft auf dem Wege liegt, den einzuschlagen die Völker längst gewillt sind, dem Wege in die Soziale Welt der Einheit, der Freiheit und des Friedens.«

Thomas Mann sprach sich in seinem »Bekenntnis zum Sozialismus« nicht expressis verbis für die SPD aus, sondern bekundete eher einen Gesinnungssozialismus. Der Beitrag erregte wahrscheinlich auch in katholischen Kreisen Münchens wegen der kritischen Bewertung von Innerlichkeit und Religion Widerspruch. Thomas Mann ließ unbestimmt, was er unter »sozialer Republik« versteht. Durch diesen Brief und insbesondere seine Schlusssentenzen wurde der Hass der Nazis auf Thomas Mann wahrscheinlich noch weiter gesteigert (Erdmann 2018, S. 374).

Paul Renner veröffentlichte 1932 unter dem Titel »Kulturbolschewismus« eine Gegenschrift gegen die antisemitische Hetze des Kampfbundes und verteidigte die internationale Moderne. Er warnte vor den von den Nazis propagierten rassischen und völkischen Maßstäben und beschrieb, dass der Kampf der Nazis sich gegen die alte kosmopolitische Aufgeschlossenheit und die große humane Tradition der Deutschen richtete (Erdmann 2018, S. 329). Thomas Mann schätzte diese Schrift besonders, er bedankte sich am 17. April 1932 mit einem Brief beim Autor, in dem er u. a. betonte, dass er (Thomas Mann) Patriot genug sei zu glauben, dass Deutschland sich schließlich als zu harter Brocken für die Nationalsozialisten erweisen werde.

In diesem Kontext sei nachdrücklich auf das bereits mehrfach zitierte Buch von Sebastian Hansen verwiesen. Hansen beschreibt in seinen »Betrachtungen eines Politischen« (Hansen 2013) u. a. sehr detailliert und auf viele Quellen verweisend, wie Thomas Mann immer mehr von verschiedenen politischen Seiten in die Welt der Politik einbezogen wurde, indem man ihn u. a. in verschiedenen nationalen (und auch internationalen) Kontexten zu Reden aufforderte, zunächst von konservativer Seite. Thomas Mann kam dem in der Regel gern nach und gefiel sich offensichtlich in der Rolle des Literaten / Intellektuellen, der von seinem Feld aus die Politik betrachtete, bewertete etc. Dabei wurde im Laufe der Zeit in seinen Vorträgen die Bezugnahme zur Literatur / Kultur immer geringer und die politischen Aussagen standen immer mehr im Vordergrund, allerdings immer noch eingebettet in Termini wie Humanismus, kulturelle Tradition etc. In der zweiten Hälfte der Zwanzigerjahre wurden die Einladungen zu Vorträgen seltener und kamen dann vorwiegend von republikanischer bzw. sozialdemokratischer Seite.

Es war wichtig, auf die Entwicklung der politischen Ansichten von Thomas Mann detailliert einzugehen – insbesondere auf seine Neuorientierung im Sinne des Republikanertums / Sozialismus. Es stellt sich die Frage, warum seine gewandelte politische Ausrichtung offensichtlich, zumindest in den ersten Jahren im Rotary Club, keine Rolle gespielt hat, ja, anscheinend nicht einmal bemerkt wurde. Er wurde offensichtlich als Konservativer in jeder Beziehung gesehen und seine politischen Reden und Schriften nach der Zeit der »Betrachtungen eines Unpolitischen« scheinen kaum bekannt gewesen zu sein. Diese Verzögerung der Wahrnehmung mag viele, u. a. auch kommunikationstechnische Hintergründe (ungenügende Darstellungen in der Presse, gedruckte Einzelhefte nur in kleiner Auflage und möglicherweise nicht gut vermarktet u. a.) haben, es mag aber auch damit zusammenhängen, dass er in geschickter Weise eine wirkliche politische Wende nicht wahrhaben wollte bzw. sie geschickt »verschleierte«, da er alle seine politischen Ansichten, die konservativen wie die republikanisch-sozialistischen, unter dem übergreifenden Begriff Humanismus subsumierte, den er in einer eher subjektivistischen Weise sehr weitreichend definierte. In seinen Vorträgen, insbesondere auch den zu nicht-politischen Themen, spielte dieser Begriff immer wieder eine zentrale Rolle in jeweils wechselnden, wenn auch um einen Kernbereich oszillierenden Definitionen. Dies alles wird noch weiter zu untersuchen sein in den folgenden Kapiteln, bei denen der Rotary Club München und die Beziehung Thomas Manns zu diesem im Zentrum stehen.

Thomas Mann: seine Aktivitäten im Rotary Club München und seine Beziehung zu den rotarischen Freunden

Thomas Mann gehörte zu 45 Gründungsmitgliedern des Rotary Club München (RCM) – gegründet 1928 –, der einen »Zusammenschluss von Spitzenvertretern der Münchner Gesellschaft« darstellte (Unschuld 2003, S. 73). Zu den Gründungsmitgliedern zählten u. a. die Schriftsteller Bruno Frank und Karl Wolfskehl (er wurde erster Chefredakteur der Zeitschrift »Der Rotarier«), die Musiker Clemens Freiherr zu Frankenstein (Generalintendant der Bayerischen Staatstheater) und Hans Knappertsbusch (Direktor der Bayerischen Staatsoper) sowie weitere hochrangige Repräsentanten der Kunst, Wissenschaft, Wirtschaft, Finanzwelt und des öffentlichen Lebens. Diese exklusive Mischung war für den RCM von Anfang an charakteristisch. Dass Thomas Mann mit zu den Gründungsmitgliedern gehörte, zeigt seine schon damals bestehende hochrangige Position in der Münchner Gesellschaft.

Karl-Josef Kuschel (2006) beschreibt in einem umfangreichen Aufsatz, dass Thomas Mann sich ganz besonders auch wegen der Konvergenz seiner geistigen, vor allem dem Humanitätsgedanken zentral Rechnung tragenden Position mit der Grundidee der rotarischen Bewegung und mit dem Rotary Club verbunden sah. In diese Richtung geht auch der Aufsatz von Manfred Wedemeyer über »Thomas Mann als Rotarier« (Wedemeyer 2002, S. 50–61).

Thomas Mann nahm von Anfang an engagiert, u. a. durch Vorträge, am Clubleben teil bzw. gestaltete es mit. Dies ergibt sich u. a. aus den Protokollen der einzelnen Sitzungen aus der von Walther Meuschel (Clubmitglied seit der Gründung, Präsident 1951/52) geschriebenen Geschichte des Rotary Club München von 1928 bis 1949 (im Band zum 50. Jubiläum des Rotary Club München, publiziert als Privatdruck 1978, nachgedruckt als Teil 1 in der von P. U. Unschuld (Mitglied des RCM seit 1990, Präsident des RCM 1995/96) herausgegebenen Chronik des Rotary Club München 1928–2003, Cygnus Verlag München 2003, aus Letzterem wird im Folgenden zitiert) sowie aus den zahlreichen diesbezüglichen Aufzeichnungen Thomas Manns in seinen Werken und Tagebüchern.

Für den Festakt zur Charterfeier am 2. Februar 1929 hatte Karl Wolfskehl ein »Festbuch«, »das erste Stammbuch« (Faksimile, Rotary Club München 1978) mit Beiträgen aller 45 Gründungsmitglieder zusammengestellt, darunter war ein kurzer Text Thomas Manns mit dem Titel »Lessing und der Pastor«. Dem schriftlichen Beitrag folgte wenig später (5. März 1929) ein Vortrag Thomas Manns gleichen Titels auf einem Abendmeeting. Dieser Vortrag führte zu dem Beschluss, in Zukunft öfters Abendmeetings mit Damen zu veranstalten. Thomas Mann hat diesen Vortrag 1929 in seinen Sammelband »Die Forderung des Tages« aufgenommen (Neudruck S. Fischer Verlag 1986).

Thomas Mann »war ein sehr aktiver und überzeugter Rotarier« (Meuschel 1978, Nachdruck in Unschuld 2003, S. 23). Seine Vorträge waren jeweils Höhepunkte der Vortragsprogramme. Ein ganz besonderer Höhepunkt wurde für den jungen RCM die Feier anlässlich der Verleihung des Nobelpreises an Thomas Mann 1929. Diese wurde von vielen Mitgliedern »wie eine Auszeichnung von Rotary« angesehen (Meuschel 1978, in Unschuld 2003, S. 23). In diesem Sinne feierte ihn auch der RC Stockholm am 10. Dezember 1929 nach der Überreichung des Preises durch den schwedischen König. Andere Clubs schrieben und telegrafierten aus vielen Ländern im gleichen Sinn.

Viele Clubs wollten ihn als Gast und Redner sehen. An der im Münchner Club veranstalteten Nobelpreisfeier für den Laureaten nahmen neben den Rotariern viele andere Gäste aus seinem Kreis teil, u. a. Großherzog Ernst Ludwig von Hessen, Geheimrat Pinder, das spätere RCM-Mitglied Otto Falckenberg, Wilhelm Hausenstein und die Brüder Thomas Manns, Heinrich und Viktor.

Thomas Mann war sehr bewegt über die von seinem Rotary Club veranstaltete Ehrenfeier anlässlich der Verleihung des Literaturnobelpreises und betonte in seiner Dankesrede, wie sehr er sich durch den Preis geehrt fühle. Er bekannte sich in dieser Rede zu Grundsätzen der Humanität, was er mit Bürgerlichkeit gleichsetzte. Er sah den bürgerlichen Gedanken in diesem Sinne besonders realisiert in der Lebenshaltung Goethes und der des Erasmus von Rotterdam und kontrastierte den Humanismus gegenüber den Fanatismen ihrer Zeit. Im Sinn einer solchen »Bürgerlichkeit« habe ihn der Weltgedanke von Rotary ergriffen (Meuschel 1978, in Unschuld 2003, S. 23; siehe dazu weiter ausführend auch Kuschel 2006).

Im September 1930 vertrat Thomas Mann den RCM auf der niederländischen Rotary-Regionalkonferenz Europa–Afrika in Den Haag. Dort hielt er einen kulturpolitischen Vortrag mit dem Titel: »Die geistige Situation des Schriftstellers in unserer Zeit« (Mann, Werkausgabe 1990, Bd. X, S. 299–306). Repräsentativ stehe der Schriftsteller für seine Zeit und für die menschliche Situation der Gegenwart schlechthin, und zwar in der schwierigen Position zwischen zwei Feuern zur linken wie zur rechten Seite. Angesichts solcher Bedrängnisse durch rechte und linke Ideologien sei die Forderung des Tages, die unveräußerlichen Rechte der individuellen und nationalen Persönlichkeit nicht nur des Schriftstellers, sondern des Menschen überhaupt in Einklang zu bringen mit kategorischen Pflichten, die das Gemeinschafts- und Völkerleben jedem auferlege. »Die Aufgabe, Freiheit und Dienst zu vereinen, ist international wie der Rotary Club – als erdumspannende Organisation – es ist. In ihm haben sich Männer aller Zungen und Zonen zusammengefunden, die wohl wissen, welche ewig kostbaren Werte mit der Sphäre des Ich, der Sphäre der Kunst und der Kultur verbunden sind, und die entschlossen bleiben, den Vorwurf der Frivolität von ihr abzuwehren; Männer jedoch, ebenso entschlossen, sich durch keine falsche Seelenhaftigkeit beirren zu lassen, im dienenden Willen zu einer vernünftig-besseren und menschenwürdigeren Weltgestaltung« (Mann, Werkausgabe 1990, Bd., S. 5, 306). Das ist ein besonders eindrucksvolles Bekenntnis Thomas Manns zu Grundideen der Rotary-Bewegung (siehe dazu auch weiterführend Wedemeyer 2002).

Thomas Mann publizierte im November 1930 in der in den USA erscheinenden Zeitschrift »Rotarian« einen Aufsatz »Idealism in a World of Reality« und schrieb im März 1932, ebenso wie Wolfskehl, in der deutschen Zeitschrift »Rotarier« über Goethe (Meuschel 1978, in Unschuld 2003, S. 32). Der in Deutschland zunehmend aufkommenden Not versuchte der RCM 1932 mit verschiedenen Sammlungen und Wohltätigkeitsveranstaltungen zu begegnen, die u. a. mit Lesungen von Thomas Mann und Bruno Frank attraktiv gemacht wurden (Meuschel 1978, in Unschuld 2003, S. 34).

Für die Jahre 1931 und 1932 sind zwei Meetingvorträge Thomas Manns überliefert. Sie wurden zuerst in den Beilagen zu den Rotary-Wochenberichten publiziert mit den Titeln »Mein Sommerhaus« und »Meine Goethereise«. In »Mein Sommerhaus« berichtete Thomas Mann (Mann, Werkausgabe 1990, Bd. XIII, S. 57–63) von seinem Sommerhaus an der Ostsee in der Kurischen Nehrung, nicht weit entfernt von dem litauischen Grenzort Nidden, einer Region, deren landschaftliche

Schönheit Thomas Mann sehr ansprach. In »Meine Goethereise« erzählte Thomas Mann von einer Vortragsreise anlässlich des 100. Geburtstages von Goethe (Mann, Werkausgabe 1990 Bd. XIII, S. 63–75). Als aktuelle RCM-bezogene Motivation für diesen Vortrag gab Thomas Mann einleitend an, dass er in letzter Zeit, »mehr nolens als volens, ein sehr schlechter Rotarier« gewesen sei, »der sich selten sehenließ und daher Grund hat, eine Reparation eintreten zu lassen«. Die Reise führte ihn von Prag nach Wien, Berlin und Weimar. Angesichts der politischen Entwicklungen in Deutschland – zunehmende Macht der nationalsozialistischen Partei – sah Thomas Mann möglicherweise in seinen Vorträgen über Goethe im Rahmen des Goethe-Jahres eine Chance, dass sich die Deutschen auf ihre humane / humanistische Traditionen besinnen sollten, so vermutet jedenfalls Klaus Harpprecht in seiner Mann-Biografie 1955 (Harpprecht 1955, S. 682). Auf der Goethe-Reise hielt Thomas Mann im Wechsel zwei Vorträge »Goethes Laufbahn als Schriftsteller« (Mann, Werkausgabe 1990 Bd. IX, S. 333–362) und »Goethe als Repräsentant des bürgerlichen Zeitalters« (Mann, Werkausgabe 1990, Bd. IX, S. 297–332).

Liest man die Protokolle und sonstige Dokumente des RCM, insbesondere den schon mehrfach erwähnten Bericht Meuschels von 1978, so ist man fast erstaunt, dass es trotz der wirtschaftlich und politisch schwierigen Zeit seit der Gründung des RCM von 1928 bis 1933, mehr als vier Jahre lang, ein relativ geregeltes und vielfältiges rotarisches Leben mit regelmäßigen Wochenmeetings, mit Festen, mit Auslandskontakten, mit Clubbesuchen untereinander und mit vielen Vorträgen gab (Meuschel 1978, in Unschuld 2003, S. 24 ff.). Darunter waren auch, wie schon vorher erwähnt, mehrere Vorträge von Thomas Mann. Neben den schon dargestellten Beiträgen präsentierte er Lesungen aus seinen Werken, z. B. u. a. auch aus den ersten beiden Teilen seiner Romantrilogie »Joseph und seine Brüder«. Auch Bruno Frank und Karl Wolfskehl trugen aus ihren Werken vor. Es gab lebhafte Diskussionen, »die aber bei aller Schärfe immer vom Willen zur sachlichen Behandlung getragen waren«, u. a. über Wirtschaftsprobleme wegen der Wirtschaftskrise, Diskussionen über die politische Radikalisierung von links und rechts, gerade in der »Stadt Hitlers«, so schon sehr früh benannt von Thomas Mann (Mann, Werkausgabe 1990, Bd. XIII, S. 288) u. a.

Über das Verhältnis Thomas Manns zu den verschiedenen Clubmitgliedern ist nicht viel bekannt. Zu einigen wenigen Mitgliedern gab es möglicherweise Spannungen, was in einem Club mit so vielen durch ihre Leistungen herausragenden und, wie von Spitzenkräften bekannt, manchmal etwas akzentuierten Persönlichkeiten nichts Ungewöhnliches ist. So soll es zwischen Thomas Mann und dem berühmten Dirigenten und Münchner Generalmusikdirektor Hans Knappertsbusch (Intendant der Bayerischen Staatsoper) gewisse Reibungen gegeben haben. Er trug u. a. eine alte Fehde mit Thomas Mann aus wegen dessen Eintretens für Bruno Walter, den ehemaligen Generalmusikdirektor der Staatsoper München, Knappertsbuschs Vorgänger, den die extreme Rechte in Deutschland für unqualifiziert gehalten hatte, als Jude Wagner richtig zu interpretieren. Außerdem nahm Kappertsbusch Thomas Mann übel, dass er sich von dem konservativen Hans Pfitzner, dem Komponisten der Oper »Palestrina«, künstlerisch distanziert hatte, nachdem er ihn zuvor wiederholt und besonders in seinen »Betrachtungen eines Unpolitischen« (1918) hoch gelobt hatte. Das Clubmitglied Karl Wolfskehl, Schriftsteller und Übersetzer von Literatur, in den Gründungsjahren des Magazins der Herausgeber des »Rotarier«, äußerte später seine kritische Distanz zu Mann, als Wolfskehl nach der wegen der NS-Diktatur erfolgten Emigration nach

Neuseeland weitgehend mittellos und von einem rotarischen Freund angehalten worden war, zur Finanzierung einer besseren Krankenhausbehandlung den trotz Emigration vermögenden Thomas Mann um Hilfe zu bitten, was nur einen bescheidenen Erfolg zeigte. Aus dieser späteren »Geschichte« kann aber nicht geschlossen werden, dass schon vor dem Exil problematische persönliche Beziehungen zwischen Thomas Mann und Karl Wolfskehl bestanden. Noch am 23. Mai 1935 schrieb ja Wolfskehl aus Florenz, wahrscheinlich aus Anlass des 60. Geburtstag von Thomas Mann, freundliche Zeilen: »Lassen Sie mich heut zu Ihnen sprechen als zu einem Freund, ob wir uns auch nur gezählte Male getroffen haben in den Jahrzehnten gemeinsamen Münchens« (zit. nach Unschuld 2003, S. 89). Auch half Mann Wolfskehl mit einem Schreiben an die Behörden in Auckland (Australien), als Wolfskehl 1938 die Daueraufenthaltsgenehmigung in Neuseeland beantragte. In diesem Schreiben stellte er die Situation jüdischer Autoren in Deutschland dar und sprach sich damit für das Bleiberecht Wolfskehls aus.

Aus den Meetingprotokollen gibt es, wie später noch genauer dargestellt werden wird, prima vista keine Hinweise, dass es in den Anfangsjahren des Clubs zwischen Thomas Mann und anderen Mitgliedern Dissonanzen wegen politscher Themen gab. Soweit erkenntlich hat Thomas Mann politische Stellungnahmen im Rahmen seiner Vorträge im RCM vermieden, obwohl er damals ja schon wiederholt in anderen Kontexten durch politische Reden hervorgetreten war, und zwar zunächst mit konservativen-deutschnationalen Inhalten, später dann im Sinne der Befürwortung der Weimarer Republik und des Sozialismus. Seine Vorträge im Club fokussierten auf deutsche Kultur und Literatur, ganz besonders immer wieder auf die Bedeutung Goethes, u. a. auch im Hinblick auf die Probleme der aktuellen Zeit, hinweisend. Dies alles deutet darauf hin, dass – zumindest partiell im Gegensatz zu der oben erwähnten Aussage Meuschels –, Thomas Mann wie wohl auch andere Rotarier des Clubs möglicherweise politische Themen grundsätzlich eher vermieden haben.

Gibt es Hinweise aus den Wochenberichten des Rotary Club München, dass der Ausschluss Thomas Manns aus dem RCM einer allgemeinen Ablehnung entsprang oder politisch begründet war?

Als 1928 der Rotary Club München (RCM) von verschiedenen hochrangigen Repräsentanten des Kultur- und Wirtschaftslebens, darunter Thomas Mann, gegründet wurde, war dessen Bild mit hoher Wahrscheinlichkeit geprägt durch seine bourgeoise Lebenssituation und seine konservative Lebenseinstellung wie auch durch seinen bereits vorhandenen schriftstellerischen Ruhm sowie bei den politisch Interessierten vermutlich vorrangig durch seinen großen Essay »Betrachtungen eines Unpolitischen«. Kurzum: Er erschien als »Konservativer« und »Deutschnationaler« im besten Sinne des Wortes. Dass er inzwischen, zumindest in seinen politischen Ansichten, eine andere Entwicklung genommen hatte, war wahrscheinlich den Gründungsmitgliedern und den sich später dazu gesellenden Mitgliedern des RCM anfangs lange nicht bekannt. Das lässt sich mit einer gewissen Wahrscheinlichkeit daraus ableiten, dass seine eine neue politische Orientierung darstellende Rede »Von deutscher Republik« zwar schon 1922 gehalten, aber nicht von der Presse referiert worden war, sondern lediglich 1923 als Broschüre gedruckt wurde. Ähnliches gilt für die Rede von 1923 anlässlich des Todes von Walter Rathenau, die allerdings in der Frankfurter Zeitung publiziert wurde (28. Juni 1923). Es ist sogar zu vermuten, dass auch der sog. Revisionsstreit von 1927 bis 1929 (hinsichtlich der Kürzungen der Auflage von 1922 der »Betrachtungen eines Unpolitischen«) den RCM nicht erreichte, da er möglicherweise nicht allgemeine Aufmerksamkeit bekam.

Bei den Treffen und Veranstaltungen des RCM behandelte Thomas Mann politisch unverfängliche Aspekte, vorrangig literarische / kulturelle Themen. Den Protokollen der Meetings des RCM ist jedenfalls nicht zu entnehmen, dass er über Politisches diskutiert hat oder dass über die oben erwähnten, seinen politischen Wandel erkennbar machenden Reden diskutiert wurde. Somit wurde möglicherweise – wenn überhaupt – erst durch die seine gewandelte politische Sichtweise umfangreicher darstellende »Rede an die Vernunft«, die Thomas Mann 1930 gehalten hat, auch im Club der Wendepunkt seines politischen Denkens bekannt, zumindest einigen. Sie wurde nicht nur in der Tagespresse, sondern auch in vollem Wortlaut als Broschüre publiziert (Mann 1930). Möglicherweise hat aber nicht einmal das viele Clubmitglieder interessiert, denn Thomas Mann wurde in dem Zeitraum primär als Nobelpreisträger (1929), als berühmter Schriftsteller und damit als die große Zierde des RCM gesehen und verehrt, nicht aber als ein Mann der Politik.

Alles deutet darauf hin, dass Thomas Mann zur Zeit der Gründung des Clubs 1928 offenbar voll akzeptiert und 1929 als Nobelpreisträger gefeiert wurde. Vielleicht waren seine bis zu dem Zeitpunkt andernorts gehaltenen politischen Verlautbarungen aus den Zwanzigerjahren nicht oder kaum bekannt bzw. wurden von den vielleicht politisch konträr eingestellten Mitgliedern als nicht so relevant eingestuft. Möglicherweise waren auch zu dem Zeitpunkt die Clubmitglieder noch in den politischen Einstellungen bunt gemischt und offen für jeweils konträre Einstellungen anderer Clubmitglieder. Auch von Antipathien wegen der Tatsache, dass er mit einer Jüdin verheiratet war oder dass seine Mutter Julia da Silva-Bruhns mütterlicherseits brasilianischer Herkunft war, ist nichts bekannt.

Folgende Fragen drängen sich auf: Gab es ggf. doch schon anfangs politische oder sonstige Gründe für eine Ablehnung Thomas Manns durch einzelne Mitglieder? Wie entwickelte sich deren politische Haltung? Kann das im Zusammenhang mit der politischen Entwicklung von Thomas Mann im weiteren Verlauf zu Unverträglichkeiten und Ablehnung geführt haben?

Zur Beantwortung dieser und anderen Fragen bzgl. der damaligen Situation des RCM und seiner Mitglieder muss noch intensiver als im vorigen Kapitel in die Recherche und Analyse eingestiegen werden. Deshalb habe ich die Protokolle der RCM-Meetings aus den Jahren 1928 bis 1933, wie sie im Bayerischen Staatsarchiv vorliegen, noch mal genau unter diesem Aspekt angeschaut und dabei neben dem Inhaltlichen auch besonders auf das Atmosphärische geachtet. Den Mitarbeitern des Bayerischen Staatsarchivs danke ich für die Möglichkeit zur Einsichtnahme und für die Hilfe bei der Identifizierung der Quellen.

Insgesamt ergeben sich dabei keinerlei Hinweise für eine kritische Einstellung gegenüber Thomas Mann oder Protokollierungen über kritische Bemerkungen über dessen Aussagen / Vorträge. Ganz im Gegenteil, er erscheint als der hochverehrte Nobelpreisträger, der als Zierde des Clubs wahrgenommen wird und dessen Beiträge hochgeschätzt sind. So schreibt z. B. der Protokollführer nach Manns Vortrag über Lessing im Abendmeeting am 5. März 1929, dass die Rede einen tiefen Eindruck hinterließ und im Druck den Mitgliedern zugehen wird. Es ist unklar, ob mit Druck die Publikation im Februarheft der »Neuen Rundschau« gemeint ist, auf die im Meetingprotokoll vom 28. Mai 1929 hingewiesen wurde. Im Treffen vom 12. November 1929 wurde verkündet, dass Thomas Mann der Nobelpreis für Literatur zuerkannt worden sei, was im nachfolgenden Meeting, am 19. November 1929, gefeiert wurde. In diesem Treffen begrüßte Präsident Sobotka ganz besonders Thomas Mann und erwähnte die große Würdigung, die er von allen Seiten wegen des Nobelpreises bekam. »Zeremonienmeister« Walterspiel kredenzte einen 1921er »Erbacher Honigberg Cabinet« in Freundschaft für Thomas Mann. Pretorius hielt die Festrede auf Thomas Mann und verwies auf deren Erscheinen im nächsten »Rotarier«. Der Protokollant notierte, dass Thomas Mann in schlichten Worten geantwortet habe, deren Größe durch die Einfachheit des Ausdrucks besonders wirkungsvoll in Erscheinung getreten sei. Thomas Mann habe seiner Überzeugung Ausdruck gegeben, dass die Ehrung, die ihm zuteilgeworden sei, ihren Grund in dem von Extremismus und Fatalismus zerrissenen Europa habe, dass seine Lebensarbeit aber den großen Ideen von Menschlichkeit, Freiheit, kurz: der Humanität gewidmet gewesen sei, für die ihm Erasmus von Rotterdam und besonderes Goethe als leitendes Vorbild gedient hätten. Statt Humanität könne man ebenso gut sagen: Bürgerlichkeit, natürlich nicht im Sinne einer Klasse, sondern in dem Sinne, in welchem »Temps« er geschrieben habe, es sei »la pensée bourgeoise« gewesen, dem seine Werke gedient hätten. Bürgerlichkeit also im Sinne von Menschlichkeit und Freiheit. In diesem Sinne habe ihn auch der Weltgedanke von Rotary ergriffen, der den gleichen Idealen dienen wolle.

Bei der Zusammenkunft vom 31. Dezember 1929 berichtete Bruno Frank über literarische Neuerscheinungen und hob u. a. den Band von Thomas Mann »Die Forderung des Tages« hervor, eine Sammlung von Essays, die u. a. die im Club gehaltene Lessing-Rede enthalte. Im Meeting vom 21. Januar 1930 erzählte Thomas Mann auf Wunsch des Präsidenten über seine Erlebnisse anlässlich der Nobelpreisverleihung in Stockholm. Einer der rührendsten Momente sei das Erlebnis des rotarischen Weltzusammenhalts gewesen. Die große Zahl von Glückwünschen aus aller Welt, die vielen Einladungen vor Ort in Clubs der Region, die internationalen Begegnungen anlässlich der Preisverleihung u. a. hätten ihm sehr imponiert. Haupteindruck der Reise sei für ihn der Freundschaftsgeist im Welt-Rotary gewesen. Der Protokollführer notierte: »So hoch uns der Dichter Thomas Mann steht, den stärksten Eindruck haben wir von ihm, wenn er uns in schlichtem Menschtum persönlich nahekommt[.]«

Im Meeting vom 24. Juni 1930 wurde der Inhalt eines Schreibens von Thomas Mann bekannt gegeben, dass er sich bereit erklärt habe, auf Einladung des Organisationskomitees zur Rotary-Regionalkonferenz nach Den Haag zu fahren. Der Protokollführer notierte in diesem Zusammenhang: »Stürmischer Beifall als Dank an unseren Nobelrotarier seitens des Clubs«. Solche und ähnliche Situationen charakterisieren den liebenswürdigen und begeisterten Umgangsstil der Clubmitglieder mit Thomas Mann. Im Meeting vom 11. November 1930 wurde auf den Artikel von Thomas Mann »Idealism in a World of Reality«, erschienen im »Rotarian«, hingewiesen. Altpräsident Sobotka dankte, dass Thomas Mann bereit war, auf der Haager Konferenz des 73. Bezirks vorzutragen.

Im Treffen vom 25. November 1930 wurde der Vortrag von Thomas Mann (vom 17. Oktober 1930) »Ein Appell an die Vernunft« zirkuliert mit der Protokollnotiz: »ein schönes Heft mit Illustrationen, gewidmet von Rotary Italiano (in Englisch)«. Damit ist klar, dass zumindest über diesen Weg dieser bedeutende politische Vortrag Thomas Manns, der nachdrücklich seine Wende zum Republikanertum dokumentierte, prinzipiell bekannt wurde. Es ist allerdings bemerkenswert – angesichts des üblichen Interesses an den sonstigen Werken Thomas Manns –, dass im Kontrast dazu dieser Vortrag bzw. analoge Inhalte weder in diesem noch in den folgenden Meetings zum Gesprächsgegenstand wurden. Offenbar interessierte diese Thematik nicht so sehr bzw. man wollte möglicherweise aus Gründen rotarischer

Regeln sich nicht auf möglicherweise zu kontroverse politische Debatten einlassen. Es könnte sogar sein, dass – falls es doch eine Diskussion dazu gegeben haben sollte – der Protokollant schon damals aus Gründen politischer Opportunität gegenüber den Nazis keine Aufzeichnungen dazu machte.

Zum Treffen vom 10. Februar 1931 wird berichtet, dass in der Zeitschrift »Die Zwiebel« der Aufsatz von Thomas Mann »Die geistige Situation des modernen Schriftstellers« enthalten sei. Im Meeting vom 24. Juli 1931 erwähnte Präsident Menge, dass Thomas Mann einen »sehr beifälligen« Vortrag beim Völkerbund in Genf gehalten habe. Am 1. Dezember 1931 hielt Thomas Mann einen Vortrag über »Mein Sommerhaus«. Der Vortrag liegt dem Protokoll als Skript bei.

Im Meeting am 5. April 1932 erzählte Thomas Mann über seine »Goethereise«. Der sehr detailreiche Vortrag geht auf viele einzelne Aspekte der Reise ein: Beschwerlichkeiten der Bahnreise, Qualität der Hotels, Dichte des Programms, verschiedene eigene Vorträge, die grandiose Goethe-Feier in der Preußischen Akademie der Künste in Berlin (mit Vortrag von Mann), die festliche Goethe-Feier in Weimar (mit Vortrag von Mann), Theateraufführungen, Treffen mit Verlegern, Freunden und berühmten Persönlichkeiten – u.a. Max Brod, Sigmund Freud –, aufkommende Gedanken und Erinnerungen u.a. Der Vortrag liegt dem Protokoll als achtseitiges Skript bei. Daraus seien zwei Auszüge zitiert. Eine Bemerkung zu Weimar: »die Stadt unter den gegenwärtigen Umständen zu sehen, war sehr merkwürdig. [...] Ganz eigenartig berührte die Vermischung von Hitlerismus und Goethe. Weimar ist ja eine Centrale des Hitlerismus. Überall konnte man das Bild von Hitler usw. in nationalsozialistischen Zeitungen ausgestellt sehen. Der Typus des jungen Menschen, der unbestimmt entschlossen durch die Stadt schritt und sich mit dem römischen Gruss begrüsste, beherrscht die Stadt [...]«

(S. 6 des Skripts von Mann) Im Bericht über die Weimarer Festveranstaltung kommentiert Mann kritisch, dass einer der Festredner (Kolbenheyer) Goethe nicht als Weltbürger darstellte und die »Iphigenie« sogar als »völkisches Stück« interpretierte. In dem Schlussabsatz des Skripts heißt es: »Diese Goethefeier hatte [...] ökumenische Internationalität. Wohin man hörte und das Radio drehte, war huldigend und feiernd von Goethe die Rede. Das zeigt, dass das Deutschtum doch [...] in einem historischen Moment, durch die Persönlichkeit Goethes in ihrer Mischung von Größe und Urbanität wirklich die ganze Welt zum Liede, zur Bejahung, zur Bewunderung hingerissen hat. Dieses Jahr 1932 ist wirklich ein Ehrenjahr des deutschen Meisters und der deutschen Kultur. Und so wenig wie faktisch-praktisch das deutsche Volk Nutzen davon haben mag, so kann die Erhebung des deutschen Selbstbewusstseins, die damit verbunden ist, einem leidenden Volk, wie das deutsche ist, nur zu statten kommen ...« (S. 8 des Skripts) Der Protokollführer vermerkte einen lang anhaltenden Beifall und Gratulation zur Verleihung der Goethe-Medaille. Der Präsident dankte für diesen und insgesamt vier Vorträge, die Thomas Mann im Club gehalten habe.

Wie schon erwähnt zeigen diese Auszüge aus den Protokollen nur Wohlwollen und Verehrung gegenüber Thomas Mann. Man hat auch den Eindruck, dass er sehr engagiert am Clubleben teilnahm und dieses mitprägte. Im weiteren Verlauf scheint seine Präsenz nicht mehr so ausgeprägt gewesen zu sein. So wird für das Clubjahr 1931 / 32 die Teilnahme an nur 13 Meetings vermerkt. Dies ist in einer Zeit, in der die Präsenzregeln sehr strikt waren und der Großteil der Mitglieder eine Präsenz zwischen 30 und 40 hatte, bemerkenswert wenig. War Thomas Mann wegen vieler Vorträge und anderer Verpflichtungen abwesend oder hatte sein Engagement für den Club nachgelassen? Es fällt auch auf, dass seit Mitte 1932 keine Einträge mehr über Thomas

Mann zu finden sind. Nicht einmal Hinweise auf seine Richard-Wagner-Vorträge und ggf. dbzgl. Diskussionen im Frühjahr 1933 lassen sich finden. Gleiches gilt für die Geschichte des »Protests der Richard-Wagner-Stadt München« gegen die Wagner-Gedächtnisreden, in den einige Mitglieder des Clubs verwickelt waren.

Bei der Interpretation dieser Sachlage muss man bedenken, dass der Club offenbar insgesamt ein eher heiteres, unkompliziertes Miteinander der Freunde pflegte. In den Protokollen nehmen die z. T. aufwendigen Hinweise auf Kontakte mit anderen Clubs, auf Vorbereitungen von Clubgründungen, Kartengrüße (oft mit kleinen selbstverfassten Gedichten) von verreisten Clubmitgliedern sowie Grüße von Mitgliedern anderer Rotary-Clubs einen großen Raum ein. Auch die Überlegungen zur Vorbereitung aufwendig gestalteter Faschingsfeste oder auch die Berichte von relativ häufig stattfindenden Abendveranstaltungen mit Tanz für die »Rotary-Jugend« sind in den Protokollen offenbar von großer Bedeutung. Man ist erstaunt zu sehen, dass trotz der wirtschaftlichen Krise und trotz der zunehmend schwieriger werdenden politischen Lage der Club selbst zum Frühjahr des Jahres 1933 diesen Stil beibehält und sogar noch 1933 vom 25. bis 27. Februar ein Faschingsfest im üblichen aufwendigen Stil feiert. Hat man alle Bedrohungen der wirtschaftlichen und politischen Lage verdrängt und im Club den Ausweg einer heiteren Gemeinsamkeit gesucht?

Dabei waren die Vortragsthemen durchaus von ernsthaften Inhalten geprägt und wurden intensiv diskutiert. Vorrangig gab es Vorträge zu zeitbezogenen Problemen wie Bezahlung der Reparationsforderungen nach dem Ersten Weltkrieg (z. B. Young Plan, Dawes Plan), europäische Einigung im Sinne der Vorschläge von Aristide Briand, deutsch-französische Verständigung im Allgemeinen u. a. Darüber hinaus standen häufig allgemeine Wirtschafts-, Finanz-, Banken- und Versicherungsthemen auf der Tagesordnung, die dbzgl. Interessen und Kompetenzen eines Großteils der Mitglieder repräsentierend. Sowohl die Vorträge zu diesem Themenkreis wie auch die Diskussionen erscheinen aus heutiger Sicht weitgehend beeinflusst im Hinblick auf die Nazi-Ideologie. Hinweise darauf, dass eine straffere politische Führung, ggf. jenseits demokratischer Strukturen, die notwendigen Prozesse schneller und effektiver in Gang bringen könne, sind rar. Neben diesem Themenspektrum standen, allerdings seltener, Vorträge zu Kunsthandel, Antiquariatswesen, Theater, Kultur und Pressewesen auf der Tagesordnung. Zu den dbzgl. Vortragsthemen trug neben Wolfskehl, Preetorius, Hirsch, Frank, Falkenberg u. a. insbesondere Thomas Mann bei. Allerdings wurden, wie schon betont, seine Wagner-Vorträge vom Februar 1933 nicht in den Clubprotokollen erwähnt: Offenbar gab es keine dbzgl. Präsentation oder Diskussion. Erst recht gibt es keine Hinweise darauf, dass einige (wenige!) Mitglieder des Clubs daran beteiligt waren, den »Protest der Richard-Wagner-Stadt München« zu organisieren.

Dass 1933 im RCM für das Ermächtigungsgesetz und den weihevollen Staatsakt in der Potsdamer Garnisonkirche eine Aufgeschlossenheit bestand, ist dem Münchner Wochenbericht vom 21. März 1933 zu entnehmen: »Präsident Ahrendts begrüßte alle. Er wies sodann auf die große Bedeutung des heutigen Tages für das deutsche Volk hin und das nationale Geschehen, das der Stunde eine besondere Weihe gab. Überall in deutschen Landen müsse dieser Stunde gedacht werden in der heißen Hoffnung, dass für unser Vaterland Glück daraus erwachsen möge. Seine Ansprache klang aus in den Worten: ›Bringen Sie alle unserem verehrten Reichspräsidenten, als die Verkörperung unseres deutschen Volks, Ihren Gruß dar.‹ […] In das dreifache Hoch stimmten alle Anwesenden aus vollem Herzen begeistert ein.«

Am 28. März 1933 gab Leupold einen kurzen Bericht über Meldungen ausländischer Zeitungen über in Deutschland stattgehabte Gräueltaten und Judenverfolgung. Dem folgte eine lebhafte Diskussion, bei der alle übereinstimmten, dass diese Meldungen schärfstens zurückgewiesen werden müssten, da ja wirklich Ruhe und Ordnung überall herrschten. Es wurde beantragt, bei Rotary International zu intervenieren, diese Gräuelpropaganda zu verhindern, u. a. durch Vermittlung der außerdeutschen Clubs in den einschlägigen Zeitungen. Aus heutiger Sicht fragt man sich, wie und warum es zu dieser realitätsblinden Aktion kam. War Leupold vielleicht auch hier in dem Sinne tätig, sich (aus Eigeninteresse oder zum Wohle des Clubs) bei den Nazis anzudienen? Wollten ggf. auch andere Mitglieder, die selber inzwischen dem Nationalsozialismus nahestanden oder sogar NSDAP-Mitglied geworden waren, die Augen vor der Realität verschließen und Loyalität mit den Nazis zeigen?

Das Protokoll vom 4. April 1933 berichtet über eine spontane Rede des Governor Prinzhorn, der wegen einer gleichzeitig abgehaltenen Distriktkonferenz in München weilte, an die Mitglieder des RCM: »Rotarier könne nur sein, wer von festem Nationalstolz beseelt sei; nur aus einem Überschuss an Nationalgefühl könne der Gedanke des ›Internationalen‹ geboren werden. International denken sei aber nicht identisch mit ›Anationalität‹ […] So stelle sich also auch Rotary in den Dienst der Nationalen Deutschen Erhebung, um an den Aufbau eines neuen einigen reiches mitzuarbeiten« (umfassender zit. in Unschuld 2003, S. 79).

Von den wenigen medizinbezogenen Beiträgen ist insbesondere der von Dr. Hans Albrecht (apl. Prof. für Gynäkologie an der Universitätsfrauenklinik München) am 16. April 1929 zu erwähnen, der eine lange kritische Diskussion auch noch im folgenden Meeting nach sich zog und obendrein den Wunsch aufkommen ließ, darüber bei einem Lunch weiter zu diskutieren. Albrecht ging in seinem Vortrag von dem sozialdarwinistischen Gedanken aus, dass die hohe Entwicklung der ärztlichen Kunst die unerwünschte Wirkung habe, dass eine Zahl von »Minus-Variationen«, welche bei der natürlichen Auslese nicht erhalten bleiben würde, in der menschlichen Gesellschaft verbleibt … Die psychiatrische Forschung habe über die Vererbung krankhafter und verbrecherischer Anlagen wertvolle Ergebnisse geliefert. Im Interesse der Gesellschaft müsse im Lauf der Entwicklung eine gewisse Regelung erfolgen, welche gestatte, die Fortpflanzung »notorischer Verbrecher und Psychophathen« zu unterbinden … In dem Kontext verwies Albrecht auf die Möglichkeiten der Sterilisation, von der in den USA schon viel Gebrauch gemacht werde. Eine von Albrecht verfasste zweiseitige Zusammenfassung des Vortrags liegt dem Meetingprotokoll bei und macht einige Gedanken noch deutlicher: »Die Fortschritte der Medizin und Gesundheitsfürsorge erhalten im Dienst des Nächsten körperlich und geistig Schwache und Minderwertige lebend. Dadurch, dass diese Minderwertigkeit sich vererbt und fortgezüchtet wird, erwächst der Gesamtheit eine nicht zu unterschätzende Gefahr« (S. 1 des Vortragsskripts von Albrecht). Gerade in dieser Terminologie wird deutlich, dass der Vortrag im Kontext des schon seit Langem in Deutschland und in anderen westlichen Staaten virulenten eugenischen / sozialdarwinistischen Denkens stand, deren Hauptvertreter in Deutschland der am Max Planck Institut für Psychiatrie in München tätige Genetiker Ernst Rüdin (Rüdin 1929) und der Freiburger Ordinarius für Psychiatrie Alfred Hoche (Hoche und Binding 1920) waren. Dieses Denken wurde zentraler Teil der nationalsozialistischen Eugenik und Erblehre. Als therapeutische Konsequenz spricht Albrecht im Skript eine dreistufige differenzierte Vorgehensweise mit Sterilisation und ggf. auch Interruptio, je nach

Schweregrad der Störung, an. Als massivste Maßnahme schlägt er bzgl. der Sterilisation vor: »bei hochgradig geistig Minderwertigen (Schwachsinnigen, Verbrechern aus Anlage usw.) diese Sterilisierung zwangsweise, wie sie in der Schweiz und teilweise in Nordamerika geübt wird, durchzuführen« (Skript Albrecht, S. 2). Diese Überlegungen passten zur Nazi-Ideologie über Erhaltung der Erbgesundheit und entsprechende Maßnahmen (siehe dazu die historischen Arbeiten zur Zwangssterilisation in der Nazi-Zeit von Gisela Bock 1986 sowie Corinna Horban 1999). Die Ausführungen wurden keinesfalls vorrangig mit Zustimmung aufgenommen, sondern entfachten eine kritische Diskussion. U.a. gab es eine Bemerkung von Schub, der auf die ggf. notwendige Zwangssterilisation und deren Eingriff in Grundrechte hinwies, sowie eine lange kritische Diskussionsbemerkung von Haff (zwei Seiten im Protokoll), der auf die Problematik der Auswahl der betreffenden Individuen hinwies. Obwohl das Skript dem Protokoll beilag, gab es offensichtlich keine kritischen Anmerkungen von Thomas Mann im Meeting oder später.

Die damalige Aktualität des Themas wird daraus erkenntlich, dass wenige Monate später, am 24. Oktober 1933, das RCM-Mitglied Prof. Dr. Wilhelm Heuck (Dermatologe, Chefarzt des Krankenhauses München Schwabing) über das »Erbgesundheitsgesetz« (trat am 1. Januar 1934 in Kraft) mit all seinen Maßnahmen und Eingriffsrechten, z.T. gegen den Willen der Betroffenen, referierte, diesmal mit voller Unterstreichung der Notwendigkeit dieser Maßnahmen und ohne kritische Gegenstimmen in der Diskussion.

In der Zeit vom 25. April 1933 bis 11. Juli 1933 sind Wochenberichte des Clubs »wegen der ungeklärten Verhältnisse« nicht mehr erschienen.

Leider sind die Protokolle der Vorstandssitzungen nicht mehr vorhanden oder zumindest nicht zur Einsichtnahme verfügbar. Sie würden vielleicht einen besseren Einblick geben in relevante Entscheidungsprozesse, u. a. in die Hintergründe des Ausschlusses von Thomas Mann.

Die politische Entwicklung der Mitglieder des Rotary Club München von 1928 bis 1933 als mögliche Grundlage für den Ausschluss Thomas Manns

Die dargestellten Wochenberichte lassen zumindest an einigen Stellen eine gewisse Anpassung an zeittypische Ideologien erkennen und dass zumindest einige Mitglieder des Rotary Club München sich dem Nationalsozialismus annäherten.

Nach diesen Aufführungen auf der Basis meiner eigenen intensiven Recherche über inhaltliche und insbesondere atmosphärische Aspekte der RCM-Treffen, wie sie den Meetingprotokollen zu entnehmen sind, wird nachfolgend u. a. auf das umfangreiche, knapp 1000 Seiten umfassende Buch des Stuttgarter Rotariers Paul Erdmann (Erdmann 2018) zurückgegriffen, der nicht nur die Geschichte seines eigenen Rotary Club Stuttgart, sondern auch besonders ausführlich die des Rotary Club München in der Nazi-Zeit auf der Basis sehr umfangreicher sorgfältiger Recherchen und außerordentlich detaillierter Analysen in vielen Verästelungen dargestellt hat. Dieses Buch mit dem Titel »Rotarier unterm Hakenkreuz. Anpassung und Widerstand in Stuttgart und München« muss als Standardwerk über das Verhalten der Rotarier in der Nazizeit angesehen werden.

Wie Erdmann (Erdmann 2018) darstellt, war das Spektrum der politischen Einstellungen der Mitglieder des RCM zunächst von rechts bis links weit gespannt. Überwiegend handelte es sich bei den Mitgliedern des RCM, soweit erkennbar, um Personen, die der Bayerischen Volkspartei nahestanden. Unter den künstlerisch oder literarisch Tätigen fanden sich mehrere, die entweder eine Vergangenheit mit sozialistischen Ansichten aufwiesen oder aber sich wie Thomas Mann im Laufe ihrer Entwicklung sozialistischen / sozialdemokratischen Auffassungen mehr und mehr annäherten. Gründungsmitglied Carl Sattler war Mitglied des Künstlerrates der Münchner Räterepublik gewesen (und mit einer Jüdin verheiratet). Im »Rat der geistigen Arbeiter« der ersten Republik hatten sich auch die Literaten Bruno Frank und Karl Wolfskehl engagiert, beide jüdischer Herkunft und Gründungsmitglieder des RCM. Liberaldemokraten waren anscheinend nicht vertreten.

Nach Zerschlagung der letzten Räterepublik (2. Mai 1919) regierten in Bayern auf Traditionswahrung bedachte rechtsgerichtete Parteien und die linken Parteien verloren ihren Einfluss, ebenso die »Zivilisationsliteraten«, zu denen u. a. der Bruder Thomas Manns, Heinrich Mann, gehörte. Es ist nicht bekannt, ob das anfangs die politische Stimmungslage bei den Mitgliedern des RCM wesentlich beeinflusste. Diese änderte sich aber im weiteren Verlauf der politischen Entwicklung in Deutschland und in Bayern. Deutschnationale und nationalsozialistische Positionen bekamen offenbar auch im Club immer größere Bedeutung. (Erdmann 2018, S. 304) 1933 waren das Präsidium des RCM und die Mehrzahl seiner Mitglieder offenbar zunehmend aufgeschlossen gegenüber nationalsozialistischen Positionen und Forderungen. Bei dieser Entwicklung spielten möglicherweise unterschiedliche Interessen eine Rolle, neben den sich ändernden politischen Orientierungen auch persönliche Interessen der Mitglieder des damaligen Präsidiums oder Befürchtungen, bei unangepasstem Verhalten ggf. Sanktionen, ggf. sogar im Sinne von Verhaftungen, zu erleiden.

Einige Mitglieder des RCM entwickelten sich in den ersten Jahren seit Gründung, meistens ausgehend von primärer Zugehörigkeit im konservativen Lager, z. B. Bayerische Volkspartei, in Richtung der Ideen des Nationalsozialismus oder wurden

Mitglieder der NSDAP mit einem Kulminationspunkt zu Beginn des Jahres 1933. Aktivitäten der NSDAP unterstützten, die Mitgliedschaft in der NSDAP beantragten bzw. in die NSDAP aufgenommen wurden u. a.:

Karl Alexander Müller, Professor für Geschichte, Ludwig-Maximilians-Universität München, unterzeichnete u. a. 1929 den Aufruf des national-sozialistischen Kampfbundes für deutsche Kultur »An alle deutschbewussten akademischen Lehrer«.

Hans-Schmidt-Polex, Vorstandsmitglied der Allianz-Versicherungs AG, 1. Sekretär des RCM im rotarischen Jahr 1933/34, trat zum 1. Mai 1933 in die NSDAP ein.

Wilhelm Leupold, Direktor des Verlags der »Münchner Zeitung«, trat 1933 von der BVB in die NSDAP ein.

Wilhelm Ahrendts, Generaldirektor der Bayerischen Versicherungsbank AG; RCM-Präsident im rotarischen Jahr 1932/33, trat am 1. Mai 1933 von der BVB in die NSDAP ein, nachdem er in der Zeit des Ausschlusses der jüdischen Mitglieder die Aufnahme beantragt hatte.

Kurt von Boeckmann, Intendant des Bayerischen Rundfunks, trat 1933 in die NSDAP ein, noch bevor die SA am 17. März in Unkenntnis seiner NSDAP-Mitgliedschaft das Sendehaus des Bayerischen Rundfunks stürmte und er des Amtes des Intendanten enthoben wurde. Am 1. April 1933 trat er aus dem RCM aus, um einer Vorbedingung der NSDAP zu genügen, Intendant des »Deutschen Kurzwellensenders« werden zu können.

Eindrücke über die Sichtweisen/Gesinnung/Zugehörigkeiten einiger der Mitglieder geben folgende Informationen:

Kurt Schmitt (Erdmann 2018, S. 384), Generaldirektor der Allianz-Versicherung, sah, wie viele Repräsentanten der Banken- und Finanzwelt das demokratische Parlament als Schwatzbude an und hoffte auf ein kraftvolles Durchgreifen Hitlers. Arends folgte ihm in dieser Ansicht.

Wilhelm Arendts, RCM-Präsident 1932/33, Wilhelm Leupold und weitere Angehörige des Clubs waren Mitglied der BVP gewesen, bevor sie in die NSDAP eintraten (Erdmann 2018, S. 335). Die BVP war seit Ende der Räterepublik bis 1933 die führende Regierungspartei in Bayern und sorgte für eine stark konservativ ausgerichtete Politik (Erdmann 2018, S. 327). Nach den Erfahrungen mit der Räterepublik und dem Hitler-Ludendorff-Putsch im Jahr 1923 »dürfte auch von manchen Münchner Rotarier die Auffassung vertreten worden sein, dass gegen revolutionäre ›bolschewistische‹ Bestrebungen hart durch gegriffen werden müsse [...] Legten etwa Grundeinstellungen dieser Art auch bei einigen Rotariern die Einschätzung nahe, parlamentarisch sei lange genug debattiert worden, autoritär und energisch durchzugreifen sei erforderlich, wolle man endlich aus der wirtschaftlichen Misere im Lande mit ihrer hohen Arbeitslosigkeit herausgelangen« (Erdmann 2018, S. 326).

Dürfte nicht auch unter den gegebenen Umständen das Zurückdrängen des jüdischen Einflusses auf die Gesellschaft gerechtfertigt werden? Das war z. B. die Meinung des Rotariers und Generaldirektors der Allianzversicherung Kurt Schmitt (s. o.), der gute Beziehungen zum Zirkel um Hitler aufgebaut hatte (Erdmann 2018, S. 39).

Mit der Zurückdrängung des jüdischen Einflusses waren einige – z. B. Schmitt und Arendts – einverstanden (Erdmann 2018, S. 384), dachten dabei aber nicht an die Möglichkeit der sich abzeichnenden nationalistischen Exzesse der Judenverfolgung und Ausrottung. Arendts hatte aber offenbar keine Hemmungen, die jüdischen Mitglieder angesichts der politischen Rahmenbedingungen aus dem Club auszuschließen: »Sollen wir als jüdische Großloge in Erscheinung treten?« Dies gab er am Vormittag des 4. April 1933 auf der Distriktkonferenz der versammelten deutschen Clubführer zu bedenken (Erdmann 2018, S. 384).

Präsident Arendts und weitere Rotarier waren bereit (Erdmann 2018, S. 392), den »Arierparagraphen« anzuerkennen, um die Anerkennung des Rotary Club durch die Nazis zu erreichen. Dies ist einem Schriftwechsel zwischen den Präsidenten der Clubs von München, Dresden und Leipzig mit Governor Prinzhorn zu entnehmen.

Von den 63 (präsenzpflichtig 55) Mitgliedern verblieben (Erdmann 2018, S. 305) nach dem 4. April 1933 zunächst 48 im Club. 13 jüdische Mitglieder sowie Thomas Mann wurden ausgeschlossen. Zwei Mitglieder schieden wegen Berufsverlustes aus: Rundfunkintendant Dr. Kurt von Boeckmann und der bereits verhaftete Verlagsdirektor der »Neusten Nachrichten« Anton Betz. Sieben nicht-jüdische Mitglieder erklärten zum 2. Mai 1933 ihren Austritt aus dem Club. Aus welchen Gründen sie eine weitere Mitgliedschaft für nicht mehr tragbar hielten, ist nicht bekannt. Neben Solidarität mit den ausgestoßenen jüdischen Mitgliedern kommen möglicherweise auch Anpassung an die politischen Verhältnisse, Besorgnis um die berufliche Position oder gar Angst vor weitergehenden möglichen Schikanen der Nazis in Betracht. Unter den Ausgetretenen sind u. a. Hans Knappertsbusch, Baron von Frankenstein, Reinhard Demoll, Artur Bauckner, alle vier Mitunterzeichner des »Protestes« (s. u.) Wenige Tage später trat Karl Alexander, ein dem bayerischen Königshaus nahe stehender Historiker, aus dem RCM aus.

»Nicht alle der im Club Verbliebenen waren Nationalsozialisten oder sympathisierten mit diesen, doch weder die Aufkündigung der Freundschaft mit den jüdischen Mitgliedern noch Thomas Manns Sozialismus und Internationalismus besaßen für sie den Rang eines ›status confessionis‹.« (Erdmann 2018, S. 305) Auch ist zu bedenken, dass die Endpunkte im Sinne einer ausgeprägt nationalsozialistischen Einstellung sich bei den Betreffenden erst allmählich entwickelten, mit einem Kulminationspunkt um 1932/1933. Hinzu kommt, dass viele, die mit dem Nationalsozialismus sympathisierten, dies nicht offen zur Schau stellten. All dies schafft große Unsicherheit in der Feststellung, wie viele Mitglieder nationalsozialistisch orientiert oder gar Mitglieder der NSDAP waren. Lediglich der Umschwung in Richtung des Nationalsozialismus lässt sich erkennen, u.a. aus einigen der Wochenberichte der ersten Monate von 1933.

Aus dem Gesamtkontext des dargestellten Denkens, das wohl auch einige (viele?) andere Mitglieder des RCM teilten, lässt sich möglicherweise nachvollziehen, warum Thomas Mann unter den gegebenen politischen Gesamtverhältnissen keine oder kaum Unterstützung fand, die seinen Ausschluss hätte verhindern können. Andrerseits waren es möglicherweise nur sehr wenige (vorrangig Leupold, s.u.), die den Ausschluss Thomas Manns aus politischen Gründen befürworteten oder gar betrieben. Die Möglichkeit oder gar Planung des Ausschlusses wurde vermutlich nie offen unter den Clubmitgliedern diskutiert, sondern war nach allem, was bekannt ist, eher eine geheim geplante Aktion oder gar Intrige einiger weniger aus dem Kreise des Vorstands oder vorstandsnaher Personen.

Unschuld (2003) hat die Abläufe und Hintergründe des Ausschlusses der 13 jüdischen Mitglieder und Thomas Manns anhand der Quellen so genau wie möglich analysiert. Insbesondere was Thomas Mann betrifft, bleibt aber vieles unklar. Eindeutige, offen deklarierte Attacken gegen ihn sind nicht bekannt, gehen insbesondere nicht aus den Meetingprotokollen hervor. Dies scheint auch für die letzten Monate vor dem Ausschluss zu gelten. Die zunehmend heftiger von Thomas Mann seit 1930

(»deutsche Ansprache«, »Bekenntnis zum Sozialismus« u. a.) öffentlich dargelegten republikanischen/sozialistischen oder sogar antinationalsozialistischen Gedanken waren offenbar im RCM für lange Zeit kein Diskussionsgegenstand und führten offenbar insbesondere nicht zur Distanzierung der Clubmitglieder von Thomas Mann.

Die einzige offensiv und öffentlich geführte Attacke gegen Thomas Mann, an der einige wenige Clubmitglieder maßgeblich beteiligt waren, scheint der 1933 durchgeführte »Protest der Richard-Wagner-Stadt München« gegen Thomas Mann zu sein. Er steht zeitlich in engem Bezug zum Ausschluss Thomas Manns und zumindest einer der Initiatoren (Leupold) war auch eng an der Vorbereitung des Ausschlusses beteiligt.

Klaus Bäumler (Bäumler 2004) kam in seiner Analyse der Intention des »Protestes der Richard-Wagner-Stadt München gegen Thomas Mann« zu der Auffassung, dass Wilhelm Leupold beim Ausschluss Thomas Manns aus dem RCM am 4. April 1933 bestimmenden Einfluss genommen habe. Leupold und einige seiner rotarischen Freunde seien ebenfalls initiativ bei der Ausformung und Veröffentlichung des »Protestes« gewesen. Für Leupold und diese Rotarier sei beim Vorgehen gegen Thomas Mann und bei dessem Ausschluss die möglicherweise gleiche Absicht leitend gewesen. Durch den Ausschluss aus dem RCM sollte den nationalsozialistischen Behörden öffentlich bekundet werden, dass sich der Club von Thomas Mann distanzierte und der Protest gegen seine Wagner-Reden sollte zum Ausdruck bringen, dass sie Manns Einordnung Wagners in einen internationalen Kontext und die Herabwürdigung von dessen deutschnationaler Bedeutsamkeit nicht teilten.

Zu den Unterzeichnern des Protests gehörten vier RCM-Mitglieder (Hans Knappertsbusch, Wilhelm Leupold, Clemens von Franckenstein und Arthur Bauckner), die zum Kreis der

Verfasser / Initiatoren zählten. Zusätzlich unterschrieben zwei RCM-Mitglieder: der Biologe Prof. Reinhard Demoll und der Mediziner Prof. Gottfried Boehm. (Erdmann 2018, S. 307) Es ist nicht zu klären, ob hinter den gegen Thomas Mann gerichteten Aktionen Leupolds auch persönliche Antipathien standen oder ob alles nur eine aus politisch pragmatischen Gründen (s. o.) initiierte Intrige war.

Wie bereits erwähnt war der »Protest der Richard-Wagner-Stadt München« gegen Thomas Mann, soweit aus den RCM-Protokollen erkennbar, der einzige Akt manifester Ablehnung gegen ihn, an dem RCM-Mitglieder beteiligt waren. Unklar ist, ob es sich dabei primär und allein um eine politisch motivierte Aktion handelte oder ob auch gleichermaßen künstlerische / musikbezogene Motive eine Rolle spielten. Unklar ist auch, ob es sich ggf. primär um eine einer oder wenigen Einzelpersonen (z. B. Leupold) des Clubs dienende Intrige handelte, durch die diese sich den regionalen Nazi-Repräsentanten andienen wollten. Im Text des Protestschreibens kommen sowohl politische wie auch musikbezogene Aspekte zum Ausdruck. Wegen der Wichtigkeit im Hinblick auf die Beziehung des RCM oder einzelner Clubmitglieder zu Thomas Mann bedarf dieser »Protest« einer vertieften Analyse, die im zweiten Beitrag dieses Buches vorgenommen wird.

Insbesondere interessiert dabei die Frage, ob es sich um ein primär politisch motiviertes Geschehen handelte oder ob vorrangig musikbezogene Motive eine Rolle spielten. Außerdem geht es auch um die Frage, inwieweit dieser Protest gezielt von einem / einigen wenigen Clubmitglied/ern im Sinne einer gegen Wagner gerichteten Intrige angeheizt wurde, um ihn politisch zu verunglimpfen. Wenn das zutreffen sollte, bliebe allerdings die Frage offen, warum dieses Thema ausgewählt wurde. Es wäre ja viel einfacher gewesen, die in den letzten Jahren abgegebenen politischen Stellungnahmen Manns (z. B. »Deutsche Ansprache«, »Bekenntnis zum Sozialismus«) zum Gegenstand zu nehmen und kritisch in aller Öffentlichkeit zu diskutieren. Die in diesen Reden / Schriften geäußerten u. a. anti-nationalsozialistischen Positionen Manns waren ohnehin schon Anlass für eine zunehmende kritische Observierung Manns seitens der nationalsozialistischen Institutionen, die lange eine gewisse Zurückhaltung übten, da die Nazis befürchteten, offizielle Strafmaßnahmen gegen Thomas Mann würden insbesondere im Ausland auf großes Unverständnis stoßen und könnten somit dem Regime abträglich sein. Deshalb verhielt man sich lange Zeit eher abwartend (Görtemaker 2005).

Die dramatischen politischen Veränderungen des Jahres 1933 und der Ausschluss der jüdischen Mitglieder und von Thomas Mann aus dem Rotary Club München

Mit dem 30. Januar 1933 begann das Jahr der Machtergreifung Hitlers und damit eine zunehmende Veränderung Deutschlands im Sinne einer Diktatur. Der schon vorher erkennbare politische Druck im Sinne einer Kontroll- und Gleichschaltungspolitik auf die Rotary Clubs, auch auf den RCM, nahm erheblich zu. Insgesamt wurde die bürgerliche Freiheit immer mehr eingeschränkt, was u. a. auch die Manns zu spüren bekamen.

Ca. zwei Wochen nach der Machtergreifung (18. Februar 1933) wurde der Rücktritt Heinrich Manns, des älteren Bruders Thomas Manns, vom Amt des Präsidenten der Dichterakademie erzwungen. Kurz danach (21. Februar) floh Heinrich Mann wegen drohender Verhaftung abrupt aus Berlin nach Paris.

Der Reichstagsbrand am 27. Februar 1933 war Anlass für eine große Säuberungs- und Verhaftungswelle (Erdmann 2018, S. 366) im Rahmen der tags darauf erlassenen Verordnung des Reichspräsidenten zum Schutze von Volk und Staat. Als Ziel wurde die »Abwehr kommunistischer staatsgefährdender Gewaltakte« herausgestellt. Die Notverordnung bildete das Eingangstor für den Unrechtsstaat. Sie ermöglichte nicht nur, gegen die kommunistische Partei und ihre Anhänger vorzugehen und sie ggf. in Schutzhaft zu nehmen, sondern auch gegen alle anderen politischen Kritiker Hitlers oder des Nationalsozialismus und gegen anders orientierte politische Parteien wie z. B. SPD, USPD und BVP. Alle international organisierten Parteien und Vereinigungen, u. a. prinzipiell auch Rotary Deutschland, waren verdächtig und konnten drangsaliert oder verboten werden. Zu der Zeit versuchte allerdings der Nazi-Machtapparat noch ein Verbot von Rotary zu vermeiden, da man die dort versammelten Angehörigen der Wirtschaftselite, auf die man sich angewiesen glaubte, nicht verschrecken wollte. Trotzdem wurden von den Rotary Clubs Restriktionen, Schikanen oder sogar Verbote befürchtet.

Die Reichstagswahl am 5. März brachte der nationalsozialistischen Partei zusammen mit der deutsch-nationalen Partei die absolute Mehrheit und Adolf Hitler wurde Reichskanzler auf der Basis der Koalition beider Parteien.

Am 18. März 1933 vermerkte Thomas Mann in seinem Tagebuch, dass er einen Revers vom Präsidenten der Preußischen Akademie nicht wie gefordert mit ja oder nein beantworten werde. Danach sollte künftig die Mitgliedschaft in der Sektion Dichtkunst der Preußischen Akademie der Künste gebunden sein an den Verzicht »auf öffentliche politische Betätigung gegen die Regierung« und an die Verpflichtung »zu einer loyalen Mitarbeit an den [...] kulturellen Aufgaben im Sinne der veränderten geschichtlichen Lage«. Thomas Mann lehnte ab. In einem Schreiben an den Akademie-Präsidenten Max von Schillings erklärte er am 17. März 1933 seinen Austritt aus der Akademie.

Am Tag der Bücherverbrennung in Berlin, 10. Mai 1933, wurde Thomas Mann aus dem Münchner Literaturbeirat ausgeschlossen. Seine Bücher blieben allerdings von der Bücherverbrennung verschont, im Gegensatz zu den Büchern seines Bruders Heinrich Mann und seines Sohnes Klaus Mann. Die Bücherverbrennung war eine von der Deutschen Studentenschaft geplante und inszenierte, unter der Leitung des »Nationalsozialistischen deutschen Studentenbundes« durchgeführte Aktion, bei der Studenten, Professoren und Mitglieder nationalsozialistischer Parteiorgane die Werke von verfemten Autoren ins Feuer warfen. Die öffentlichen Bücherverbrennungen, in Berlin beginnend, dann auf ganz Deutschland übergreifend, waren der Höhepunkt der sogenannten »Aktion wider den deutschen Geist«, mit der kurz nach der Machtergreifung der Nationalsozialisten die systematische Verfolgung jüdischer, marxistischer, pazifistischer und anderer oppositioneller oder politisch unliebsamer Schriftsteller begann. (Bücherverbrennung 1933 in Deutschland – Wikipedia 2021)

Erika Mann, Tochter Thomas Manns, Schauspielerin, Kabarettistin und Schriftstellerin, hatte am 1. Januar 1933 in München das politisch-literarische, gegen den Nationalsozialismus gerichtete Kabinett »Die Pfeffermühle« gegründet (Keiser-Hayne 1990). Das Programm stand im Gegensatz zur Ideologie der Nazis und um einer Verhaftung zu entgehen, mussten die Ensemblemitglieder im März 1933 untertauchen. Erika und Klaus Mann – der sich nach Paris abgesetzt hatte (s. o.) – warnten ihre Eltern, Thomas und Katia Mann, die sich im März in Arosa (Schweiz) befanden, brieflich und telefonisch vor einer Rückkehr nach Deutschland. Erika reiste in die Schweiz und überbrachte Thomas Mann die aus dem Elternhaus geretteten Manuskripte.

All diese Nachrichten und Ereignisse in den ersten Monaten des Jahres 1933 lösten in Thomas Mann seelische Erschütterungen und sogar psychosomatische Krisen aus. Er erwog, wie er am 19. März 1933 im Tagebuch notierte, sich auch von anderen »Amtlichkeiten und Repräsentativitäten« wie PEN-Club und Völkerbund-Komitee zurückzuziehen, auch vom RCM, allerdings ohne diese Schritte zu vollziehen.

Heinrich Himmler wurde am 1. April 1933 zum »Politischen Polizeikommandeur Bayerns« und Leiter der eigens zum Zwecke der Umsetzung der Notverordnung geschaffenen Bayerischen Polizei (BPP), während Reinhard Heydrich, Chef des

Sicherheitsdienstes des Reichsführers SS (SD) und Himmlers Vertrauter als dessen Stellvertreter berufen wurde. Zur Unterbringung der »Schutzhaftgefangenen« richtete Himmler das KZ Dachau ein, das am 22. März 1933 eröffnet wurde. In Schutzhaft gelangten u. a. Kommunisten, führende Sozialdemokraten, aber auch Funktionäre der BVP usw. Auch die Rotarier fühlten sich bedroht.

Der Schutzhaftbefehl gegen Thomas Mann wurde am 12. Juli 1933 von Heydrich ausgestellt und an den Bayerischen Reichsstatthalter, betr. »Maßnahmen gegen Thomas Mann«, gerichtet. Mann weilte zu dem Zeitpunkt in Sanary-sur-Mer, sodass der Haftbefehl nicht wirksam wurde. Lediglich die angedrohte Einziehung des Vermögens konnte durchgeführt werden. Die Inhalte des Schutzhaftbefehls (Bayerisches Hauptstaatsarchiv München, Akte BayHStA Reichsstatthalter in Bayern 38) zeigen, wie gut die nationalsozialistischen Überwachungsinstitutionen über die politischen Ansichten Thomas Manns informiert waren. Es wurde ihm in dem Schutzhaftbefehl vorgeworfen, »Gegner der nationalen Bewegung und Anhänger der marxistischen Idee« zu sein, was an mehreren Beispielen belegt wurde. Insbesondere wurden mehrere wörtliche Zitate des Vortrags von 1930 erwähnt, um die extreme Antihaltung Manns zur nationalsozialistischen Bewegung zu belegen. Zum Beleg seiner sozialistischen Einstellung wurde auf einen Vortrag im Wiener sozialdemokratischen Volkshaus vor Wiener Arbeitern hingewiesen. Schließlich wurde ihm auch seine »judenfreundliche Einstellung« zum Vorwurf gemacht und ihm in diesem Zusammenhang seine 1931 begonnene Beisitzer-Tätigkeit beim » Verein zur Abwehr des Antisemitismus« sowie seine Verherrlichung des Schächtens im Roman »Der Zauberberg« vorgehalten.

Schon seit der Machtübernahme waren viele der jüdischen Mitglieder des Clubs unsicher geworden und blieben dem Club fern, unter der Vorgabe, sie wollten den Club bzw. die Freunde nicht gefährden (Bericht von Meuschel über die Jahre 1928–1949, in: Unschuld 2003, S. 38). Mit ihnen blieben zur Bekundung der Verbundenheit auch mehrere andere Freunde den Treffen fern. Die seit einiger Zeit nicht mehr gekommenen Rotarier Frank, Betz, Rheinstrom und Wolfskehl wurden formell beurlaubt, um ihnen eine Präsenzrüge zu ersparen. Mit den meist jüdischen Mitgliedern war auch Thomas Mann beurlaubt worden, der auf der Wagner-Vortragsreise Februar 1933 im Ausland von den Ereignissen in Deutschland überrascht worden war und als Vorsichtsmaßnahme nicht mehr nach Deutschland zurückgekehrt war, sondern zunächst nach Arosa in die Schweiz ging.

In dem erwähnten Bericht von W. Meuschel heißt es (zit. nach Unschuld 2003 S. 39): »Die erste schwere Stunde der Prüfung kam, als der Vorstand des Clubs von der Partei unter Druck gesetzt wurde, verschiedene Mitglieder, insbesondere die Juden, auszuschließen und über diese Maßnahme den Mitgliedern gegenüber Stillschweigen zu bewahren. Zu den Ausgeschlossenen gehörte auch Thomas Mann[.]«

Unschuld hat in seinem Beitrag von 2003 die konkreten Hintergründe und Abläufe des Ausschlusses der jüdischen Mitglieder und Thomas Manns, soweit aufgrund der beschränkten Faken möglich, nachgezeichnet. Darauf sei hier verwiesen.

Nachfolgend wird nur auf Fakten und Aspekte eingegangen, die sich direkt auf Thomas Mann beziehen oder die in unmittelbarem Zusammenhang mit ihm stehen.

Die Notverordnung hatte auch Folgen für Münchner Rotarier, die leitende Ämter in Presse und Rundfunk bekleideten (Erdmann 2018, S. 373). So u. a. für den Verlagsdirektor und Kommanditisten des Münchner Zeitungsverlags (»Münchner Zeitung«) Wilhelm Leupold. Außerdem auch für Anton Betz (Direktor des Knorr und Hirth Verlags, »Münchner Neueste

Nachrichten«) und für Gründungsmitglied Kurt von Boeckmann (Intendant des Bayerischen Rundfunks). Der Verlagsdirektor Betz wurde verhaftet und im Mai 1933 ein Prozess wegen Hochverrats gegen ihn eingeleitet (Erdmann 2018, S. 376).

Wilhelm Leupold befand sich unter verschiedenen Aspekten in einer ähnlichen Lage wie sein Freund Betz (Erdmann 2018, S. 377). Über sein Verhalten im Zusammenhang mit dem Ausschluss der Mitglieder gibt es unterschiedliche Informationen / Versionen. Am Vormittag des 4. April 1933 überbrachte er im Rahmen der rotarischen Distriktkonferenz seinen Clubfreunden die Nachricht, es drohe die Verhaftung aller Rotarier Münchens, wenn sie sich nicht umgehend von ihren jüdischen und politisch missliebigen Mitgliedern trennten. Leupold gab in einem anderen Kontext Dr. Walter Stang als Quelle der Benachrichtigung über das Ultimatum an. Er war Mitglied des engeren Zirkels der Partei im Bereich der Kulturpflege (Erdmann 2018, S. 392). Wenn der Club nicht bis zum 10. April »gleichgeschaltet« sei »und wegen der Juden und Marxisten nichts unternommen werde«, werde »eventuell mit Schutzhaft gegen den Rotary Club vorgegangen werden« (Erdmann 2018, S. 386).

Tat Leupold all dies ggf. aus eigennützigen Motiven, um vor den Nazis besser dazustehen und ggf. seine persönliche Situation u. a. bezüglich seiner bisher eher antinationalsozialistischen geprägten Zeitung (Münchner Neueste Nachrichten) zu verbessern? Hatte er ggf. aus gleichen Gründen schon vorher den »Protest« maßgeblich(?) mit angezettelt?

Es wird von Erdmann erörtert (Erdmann 2018, S. 387), ob dies eine Intrige Leupolds gewesen sei, die ihm ein Mittel in die Hand gab, Präsident Arendts zu bewegen, nicht nur die jüdischen Mitglieder auszuschließen, sondern auch Thomas Mann. Daran war ihm offenkundig gelegen. In seinem Brief äußerte er: »Ich denke dabei nicht etwa an die Herren, die wegen ihrer politischen Gesinnung unter meiner Anregung und mit meinem Beifall ausgeschlossen worden sind.« Am Abend vorher hatte er mit dem Beraterkreis von Hans Knappertsbusch zusammengesessen, den Wortlaut des »Protests« besprochen und dessen Publikation beraten. Offenbar wollte sich Leupold mit beiden Aktionen der Politischen Polizei, den Nazis, andienen, um sein eigenes Amt, seine eigene Haut zu retten und seinen Eintritt in die NSDAP (wurde am 1. Mai 1933 Mitglied), wie auch Arendts, damit zu unterstützen.

Unschuld (2003) verweist darauf, dass Wilhelm Leupold, der Direktor des Verlags der »Münchner Zeitung« und maßgeblich Mitbetreiber des Münchner Protests, für sich in Anspruch nahm, am 4. April 1933 den Ausschluss der politisch Missliebigen – gemeint ist zuallererst Thomas Mann – maßgeblich veranlasst zu haben, wie er in seinem Brief an Bezirksleiter Dr. Menge vom 20. Mai 1933 mitteilte.

Nach der Wiedervereinigung Deutschlands wurde ein Großteil der zunächst von der Sowjetunion konfiszierten, dann der DDR übergebenen Rotary-Akten wieder zugänglich, u. a. auch Akten des RCM. Dies gab die Möglichkeit, die Jahre zwischen 1933 und 1937 genauer als in dem möglicherweise geschönten / verfälschten Bericht von Meuschel auf der Basis der historischen Quellen hinsichtlich der Ereignisse, insbesondere auch der Umstände des Ausschlusses der Mitglieder, zu analysieren. Das Ergebnis dieser Analysen publizierte Paul U. Unschuld im zweiten Teil der von ihm herausgegebenen »Chronik des Rotary Club München 1928–2003« unter dem Titel: »Rückkehr der Akten. Anmerkungen zu dem RC München während der NS-Zeit von 1933 bis 1937«, in Unschuld 2003, S. 71–134. In diesem Beitrag finden sich z. T. viel detailliertere Berichte über die damaligen Ereignisse, u. a. auch sorgfältige abgewogene Alternativ-Hypothesen über die Hintergründe der damaligen Ereignisse auf der Basis der detaillierten Quellenlage. Sie zeigen, wie komplex die historische Gemengelage war und wie wenig einfache Hypothesen und Schlussfolgerungen dem angemessen scheinen, z. B. Hypothesen, wann beschlossen wurde, welche Mitglieder auszuschließen, durch wen und wann die Präsenzlisten, z. B. die vom 4. April 1933, verändert wurden, ob unliebsame Mitglieder im Vorfeld gebeten wurden, nicht an diesem Meeting teilzunehmen u. a. (Unschuld 2003, S. 77 ff.). So werden die komplizierten Hintergründe, welche Mitglieder ausgeschlossen werden sollten und warum, etwas klarer (Unschuld, S. 75 ff.). Es wird deutlich, dass es nicht nur um den Ausschluss jüdischer Mitglieder ging, sondern dass auch, so der Rotarier Wilhelm Leupold (Verlagsdirektor der »Münchner Zeitung«), »Herren wegen ihrer politischen Gesinnung unter meiner Anregung und mit meinem Beifall ausgeschlossen worden sind« (Unschuld 2003, S. 78). Leupold gab sich nach Auffassung Unschulds mit diesen Worten zu erkennen als jemand, der hinter dem Ausschluss der allein aus politischen Gründen angefeindeten Clubmitglieder stand. Es ist nicht eindeutig zu erkennen, wer mit diesen Clubmitgliedern gemeint ist.

Nach Auffassung von Unschuld zählte jedoch Thomas Mann zu denjenigen, die aufgrund ihrer »politischen Gesinnung« aus der Mitgliederliste gestrichen wurden. Man kann davon ausgehen, so Unschuld (S. 81), dass Leupold eine starke Ablehnung gegen Thomas Mann hegte – u. a. hatte er den »Protest der Richard-Wagner-Stadt München gegen die Rede Thomas Manns« vom 10. Februar unterschrieben –, dem bekanntlich Goebbels wenige Monate zuvor die Anerkennung als deutscher Schriftsteller abgesprochen hatte. Wie sehr Thomas Mann zum damaligen Zeitpunkt den Nazis verhasst war, geht u. a. auch aus dem am 23. Juni 1933 erlassenen Schutzhaftbefehl (Bayerische Politische Polizei) hervor. In diesem Dokument wird Thomas Mann als

Gegner des Antisemitismus und als marxistischer Sympathisant der »sozialistischen Sache« dargestellt (Unschuld 2003, S. 83). Der Clubvorstand hat später in einem »Rechtfertigungsschreiben« an einen über den Ausschluss konsternierten ausländischen Rotarier betont, dass Thomas Mann sich ganz offen schriftlich für den Marxismus erklärt habe und deshalb der Club die Konsequenz unter den gegebenen politischen Rahmenbedingungen ziehen musste. (Unschuld 2003, S. 85)

Für das Clubmeeting am 4. April 1933 ergaben sich Hinweise auf besondere geplante nationalsozialistische Zwangsmaßnahmen gegen den RCM. Der 4. April ist auch das Datum der Ausschluss-Briefe, die der Präsident an die im Ausland weilenden Rotarier schickte: Thomas Mann, Bruno Frank, Heinrich Rheinstrom und Karl Wolfskehl. Die Begründung für den Ausschluss lautete im Brief sehr kursorisch: »Entwicklung in Deutschland«. Einer Reihe weiterer, offenbar nicht mehr tragbarer Mitglieder wurde, wie Arendts später berichtete, nahegelegt, ihre Mitgliedschaft zu beenden. (Unschuld 2003, S. 79)

Am 4. April 1933 wurden 13 jüdische Mitglieder aus dem RCM ausgeschlossen. Diese Maßnahme war damals offenbar als eine Anpassungsleistung an die Nazidiktatur gedacht, in der Hoffnung, dadurch die Existenz des RCM retten zu können. Man kann aber nicht ausschließen, dass sich darin auch antisemitische Tendenzen einiger Mitglieder des Clubs / des Vorstands ausdrückten. Neben den jüdischen Mitgliedern wurde auch Thomas Mann ausgeschlossen, und zwar ohne nähere Begründung, insbesondere ohne eine spezielle inhaltliche, was Thomas Mann besonders gekränkt hat. Es ist unklar, ob dabei auch die Verärgerung einiger Rotarier über die Richard-Wagner-Vorträge und ggf. die Vorgänge um den »Protest« der Wagner-Stadt eine Rolle gespielt haben könnten.

Insgesamt lassen sich die Hintergründe und Vorgehensweisen des Ausschlusses der 13 jüdischen Mitglieder und insbesondere von Thomas Mann auch aus heutiger Sicht nicht richtig klären (siehe Unschuld 2003, siehe die umfangreichen dbzgl. Ausführungen von Erdmann 2018). Das hängt u. a. auch damit zusammen, dass die Vorstandsprotokolle nicht verfügbar sind.

Thomas Mann hat die Umstände und Hintergründe des Ausschlusses als tief enttäuschend erlebt, zumal die Kommunikation darüber völlig intransparent war. Dazu folgende Aussagen von ihm:

Am 6. April 1933 (Mann, Tagebucheintrag 6. April 1933) erfuhr er, dass der Schriftsteller Bruno Frank, sein Freund und Nachbar in München, der nach dem Reichstagsbrand in die Schweiz geflohen war, »wie wohl auch die anderen jüdischen Mitglieder aus der Mitgliederliste des Rotary Club gestrichen ist. Ein neues Zeichen für den Geisteszustand Deutschlands. Sehr unheimlich, mein Austritt beschlossene Sache. Es fragt sich nur, ob ich auf den Widersinn im Verhalten des Clubs Hinweise«.

Zwei Tage später (Mann, Tagebucheintrag vom 8. April 1933) notierte er: »Ich erhalte vom Rotary Club München denselben Brief mit der trockenen Mitteilung der Streichung meines Namens wie Frank. Er kam mir unerwartet. Hätte es nicht gedacht. Erschütterung, Amüsement und Staunen über den Seelenzustand der Menschen, die mich, eben noch die ›Zierde‹ ihrer Vereinigung, ausstoßen, ohne ein Wort des Bedauerns, des Dankes, als sei es ganz selbstverständlich. Wie sieht es aus in diesen Menschen? Wie ist dieser Beschluss dieser Ausstoßungen zustande gekommen?«

Er bekam von seinem jüdischen rotarischen Freund Drey, auch ein Gründungsmitglied, dem er in der Schweiz persönlich begegnete, einen Bericht über die dortigen Vorgänge: »Es ist brutaler Zwang ausgeübt worden; die Unanständigkeit des Verhaltens erscheint weniger schlimm. Doch bleibt das Schweigen der einzelnen Mitglieder bestehen« (Mann, Tagebucheintrag vom 15. April 1933). Thomas Mann haben dieser Ausschluss und das Schweigen über die Hintergründe tief gekränkt.

Auf die Erschütterung über seinen Ausschluss folgte schon acht Tage später (16/17. April 1933) die nächste, offenbar viel tiefergehende Erschütterung durch den beschriebenen, von Rundfunk und Presse öffentlich gemachten »Protest der Richard-Wagner-Stadt München« gegen die »Richard-Wagner-Gedenkreden des Herrn Thomas Mann«. Im Tagebuch bezeichnete Thomas Mann diesen »Protest« als einen »Akt mörderischer Denunziation« (Mann, Tagebucheintrag vom 16. April 1933), ein »hundsföttisches Dokument« und eine »kulturelle Ermutigung« der Machthaber (Mann, Tagebucheintrag vom 19. April 1933) und er fügte hinzu: »Heftiger Choc von Ekel und Grauen, durch den der Tag sein Gepräge erhielt. Entschiedene Befestigung des Entschlusses, nicht nach M. zurückzukehren und mit aller Energie unsere Niederlassung (in der Schweiz) zu betreiben«. Unter den 44 Unterzeichnern des »Protests« »Freunde, Rotary-Brüder, Künstler, Kameraden, mir bis dahin scheinbar wohlgesinnte, ja ergebene Menschen« (Mann, Werkausgabe 1990, Bd. XIII, S. 97, Mann, Tagebucheintrag vom 20. April 1933).

Aus Sicht von Thomas Mann war dieser »Protest« »eine lebensgefährliche Denunziation, die gesellschaftliche Ächtung, die nationale Exkommunikation. Seit diesem Geschehnis haben alle die Handlungen heimatlich-amtlicher Feindseligkeit gegen meine Person und mein Eigentum […] mich belehrt, daß ich in Deutschland heute ein Bürger minderen Rechts, daß ich dort vogelfrei wäre«, schrieb Thomas Mann Monate später (Mann, Werkausgabe 1990, Bd. XIII, S. 91).

1937 kam es wegen der immer massiver werdenden Pressionen seitens der Nazis zur Selbstauflösung aller deutschen Rotary Clubs, am 7. September 1937 löste sich demgemäß der RCM auf.

Die Zeit im Exil und späte Ehrungen im Nachkriegsdeutschland

Der Entschluss ins Exil zu gehen fiel Thomas Mann und seiner Frau nicht leicht, war aber unter den damals gegebenen Umständen unumgänglich. Sie mussten ihr gesamtes Sachvermögen zurücklassen. Allerdings kam es, weder am Anfang noch später im weiteren Verlauf, zu finanziellen Engpässen. Die Restbestände aus dem Nobelpreis sowie laufende Verlagseinnahmen ermöglichten ein finanziell relativ sorgloses Leben.

Die erste Station im Exil in der Schweiz war Arosa. Inge und Walter Jens beschreiben in ihrem Buch über Katharina Mann (Jens, Inge und Walter 2006) u. a. das schlechte Befinden von Thomas Mann im Exil in Arosa.

Vorübergehend gingen die Manns dann, wie auch andere Exilanten, nach Sanary-sur-Mer in Frankreich, zogen dann aber nach Küsnacht in die Schweiz. Das Ausbürgerungsverfahren wurde durch die Stellungnahme des damaligen deutschen Gesandten Ernst von Weizsäcker (Mai 1936) begünstigt, der sich aus Bern dafür ausgesprochen hatte, weil Thomas Mann neben »höhnischen Bemerkungen [...] feindselige Propaganda gegen das Reich im Ausland« betrieben habe.

Am 19. Dezember 1936 entzog die Universität Bonn Thomas Mann die Ehrendoktorwürde. Mann kommentiert in einem in Zürich geschriebenen Brief an den Dekan: »Die schwere Mitschuld an allem gegenwärtigen Unglück, welche die deutschen Universitäten auf sich geladen haben, indem sie aus schrecklichem Missverstehen der historischen Stunde sich zum Nährboden der verworfenen Mächte machten, die Deutschland moralisch, kulturell und wirtschaftlich verwüsten – diese Mitschuld hatte mir die Freude an der mir einst verliehenen akademischen Würde längst verleidet und mich gehindert, noch irgendwelchen Gebrauch davon zu machen.« (Brief dem Internet entnommen)

1938 kam es zur Übersiedlung in die USA, wohin so viele Emigranten aus Deutschland gingen (Erika und Klaus Mann 1991; Görtemaker 2005, Vaget). Die ersten Jahre im US-amerikanischen Exil verliefen zufriedenstellend, u. a. hatte Thomas Mann vorübergehend eine Gastprofessur in Princeton (Vorträge zu Goethe, Wagner, Freud sowie zum »Zauberberg«), seine finanziellen Verhältnisse, vorrangig durch Verlagseinkünfte, waren gut. Ihm wurden fünf Doktorwürden (Columbia, Hobart, Princeton, Rutgers, Yale) verliehen. Das Leben, seit 1941 in Pacific Palisades (Kalifornien, nördlich von Los Angeles, zwischen Santa Monica und Malibu), war trotz der Besonderheiten der Exilsituation angenehm, u. a. im weiteren Verlauf durch die äußeren Gegebenheiten wie ein eigenes, für Thomas Mann und seine Frau erbautes Haus, aber auch durch vielfältige soziale Kontakte zu anderen deutschen Emigranten aus der Kulturszene, die in der Region wohnten, u. a. Adorno. Das Haus ist heute im Besitz der Bundesrepublik Deutschland und seit 2018 als »Thomas-Mann-Haus« Kulturzentrum. 1944 bekam Thomas Mann die Staatsbürgerschaft der USA.

Allerdings wurde er im weiteren Verlauf von der sich nach dem Tod von Präsident Roosevelt 1945 als extrem antikommunistisch entwickelnden US-amerikanischen Politik zunehmend enttäuscht, insbesondere seit Beginn des »Kalten Krieges«. In dem Rahmen wirkte sich seine offene politische Haltung negativ aus, insbesondere auch die Tatsache, dass er sich wiederholt für den Sozialismus ausgesprochen und vor vielen Jahren sogar die Stalinsche Verfassung von 1936 als akzeptabel bezeichnet hatte (Brief an Herman Wolf vom 30. Juli 1936, publiziert in FAZ

21. März 2014, S. 14). Nachdem er im Juni 1951 bei einer Anhörung vor dem Repräsentantenhaus – wie sie auch andere deutsche Exilanten, z. B. Hans Eisler und Bertold Brecht. über sich ergehen lassen mussten – als »einer der weltweit bedeutendsten Verteidiger von Stalin und Genossen« bezeichnet worden war und er im Rahmen der antikommunistischen Politik vor dem »Komitee für unamerikanische Umtriebe« (McCarthy-Ära) Rechenschaft über seine Aktivitäten ablegen musste (Thomas Mann – Wikipedia 2022), kehrte er 1952 mit seiner Frau und Tochter Erika in die Schweiz zurück, wo die Manns dann ab 1954 in einer eigenen Villa in Kilchberg (bei Zürich) oberhalb des Zürichsees wohnten. Dort verstarb er am 12. August 1955.

Thomas Mann wurde nach dem Krieg von der deutschen Öffentlichkeit z. T. mit großer Skepsis und Zurückhaltung betrachtet. Seine unter dem Namen »Deutsche Hörer« bekannt gewordenen, ab 1941 von den Alliierten an die Deutschen und andere Völker ausgestrahlten Radio-Botschaften – ein Teil der antideutschen Propaganda der Alliierten (Görtemaker 2005 S. 125 ff.) – wurden von vielen Deutschen während des Krieges und von einigen auch nach dem Krieg kritisch beurteilt. Die von ihm u. a. im Brief an Walter von Molo vertretene These der Kollektivschuld des deutschen Volkes sowie seine Kommentierung der Bombardierung deutscher Städte mit den Worten »alles muss bezahlt werden« führten zu Ablehnung und u. a. sogar zum Verriss des Romans »Doktor Faustus« (siehe Thomas Mann – Wikipedia 2022). Es brauchte Zeit, bis sich in der Bundesrepublik eine versöhnlichere Haltung ihm gegenüber einstellte. 1949 besuchte Thomas Mann anlässlich der Feiern zu Goethes 200. Geburtstag Frankfurt am Main und Weimar (damals in der sowjetischen Besatzungszone). In Frankfurt erhielt er den westdeutschen Goethepreis. In Weimar wurde ihm der ostdeutsche Goethe-Nationalpreis verliehen. Im Vorfeld gab es einige Drohbriefe und die Reise musste vorsichtshalber unter Polizeischutz gestellt werden. Seine Frankfurter Rede in der Paulskirche wurde dann aber von einem großen Auditorium enthusiastisch aufgenommen. 1953 übernahm er die Ehrenpräsidentschaft der Deutschen Schillerstiftung. Zum 150. Todestag von Friedrich Schiller hielt er Festansprachen in Stuttgart und in Weimar und wurde am 14. Mai 1955 zum Ehrenmitglied der Deutschen Akademie der Künste ernannt.

Im schweizerischen Exil über insgesamt acht Jahre (1933 bis 1938 und 1952 bis 1955) hat Thomas Mann offenbar keine Verbindung mit rotarischen Clubs aufgenommen, ebenso wenig wie ihn Schweizer Clubs kontaktierten.

Während der 14 Jahre des US-amerikanischen Exils hat es Kontakt zumindest mit einem Club gegeben, dem von West Los Angeles, nahe Thomas Manns Wohnsitz Pacific Palisades. Aus dem Tagebuch geht hervor, dass er dort im Februar 1942 eine »after lunch lecture« auf Englisch gehalten hat mit dem Titel: »How to win the peace?« Nach dem Vortrag wurde er zum Ehrenmitglied dieses Clubs ernannt.

Thomas Mann hat, soweit bekannt, nie wieder Kontakt mit dem Rotary Club München aufgenommen (Kruse 2001), der sich seit dem 12. Oktober 1949 wieder offiziell reaktiviert hatte und wieder als Mitglied von »Rotary International« aufgenommen worden war. Offenbar war die Kränkung, die er erfahren hatte, zu groß, um darüber hinwegsehen zu können. Auch blieb er bekanntlich nach dem Ende der Nazidiktatur in Distanz zu Deutschland, zunächst bis 1952 weiterhin im Exil in den USA (Kalifornien), und danach im Exil in der Schweiz. Versuche, u. a. mehrerer Schriftsteller wie Walter von Molo und Frank Thiess, ihn durch persönliche und sogar öffentliche Briefe (Walter von Molo in »Münchner Zeitung« 1945), nach Deutschland zurückzuholen, blieben erfolglos und führten zu auch öffentlich ausgetragenen Kontroversen, z. B. über die von Thomas Mann vertretene These von der Notwendigkeit zum Exil unter bestimmten politischen Bedingungen (Görtemaker 2005, S. 143 ff.) und Thomas Manns Vorwürfe gegen die, die lediglich in die »innere Emigration« gegangen seien (Görtemaker 2005, S. 177), und ganz besonders gegen die, die sich mit der Naziherrschaft assoziiert hätten. Gipfelpunkt dieser Kontroverse war Thomas Manns öffentlicher (1945) »Brief nach Deutschland. Warum ich nicht nach Deutschland zurückgehe«. Er sah die Gesamtschuld des deutschen Volkes (Görtemaker 2005, S. 193 ff.), lehnte die von einigen u. a. Kulturschaffenden in Anspruch genommene Möglichkeit der »inneren Emigration« (Görtemaker 2005, S. 177 ff.) ab und glaubte nicht an die Entschuldigungen und die Versprechungen, dass eine neue Zeit begonnen habe. Diese und andere Problembereiche (u. a. die Probleme des Exils) sind ausführlich und sachkundig in dem Buch von Manfred Görtemaker »Thomas Mann und die Politik« (Görtemaker 2005) dargestellt.

Schlussbemerkungen

Der 1933 erfolgte Ausschluss von Thomas Mann aus dem RCM hatte, wie dargelegt, mehrere Hintergründe, die im Detail wegen unzureichender Quellenangaben nicht abschließend zu klären sind. Grob zusammengefasst waren es offenbar die politischen Rahmenbedingungen der Nazizeit, dbzgl. Anpassungsprozesse auf der Ebene einzelner Clubmitglieder und des RCM insgesamt, dem eigenen Vorteil einzelner Personen dienende Interventionen, musikbezogene Diskrepanzen, wie sie im Münchner »Protest« offensichtlich wurden, die über die Jahre erfolgten Veränderungen der politischen Ansichten Manns und andere Aspekte, die insgesamt eine explosive Mischung bildeten.

Es ist bei einer solchen historischen Retrospektive faszinierend zu sehen, wie komplex und facettenreich ein solches Geschehen ist, das man gesamthaft gern als Ausschluss von Thomas Mann aus dem RCM bzw. als Ausschluss der jüdischen Mitglieder aus dem RCM bezeichnet.

Da ist zunächst die Geschichte von Thomas Mann selbst, insbesondere die Wandlung seiner politischen Anschauungen vom Konservativen / Deutschnationalen zum Republikaner / Sozialisten, die aber möglicherweise vielen seiner Clubfreunde aus verschiedenen Gründen nicht offensichtlich wurde. Dazu mag beigetragen haben, dass Thomas Mann selbst, jedenfalls was die »Betrachtungen eines Unpolitischen« betrifft, eine Wandlung nicht wahrhaben wollte, sondern immer wieder alle seine politischen Positionierungen unter den Oberbegriffen Humanismus und Bürgerlichkeit subsumierte.

Da ist die Geschichte des Rotary Club München, dessen Mitglieder zunächst ein breites politisches Spektrum repräsentierten und politisch insgesamt offen und tolerant schienen, mit einer deutlichen Tendenz zum Konservatismus und zur Bürgerlichkeit, im weiteren Verlauf der nationalsozialistischen Machtentwicklung aber zumindest z. T. aus Gründen der Überzeugtheit oder der Opportunität geistig oder sogar parteimäßig ins national-sozialistische Denken konvertierten.

Beeindruckend ist, dass trotz dieser von außen wahrnehmbaren Auseinanderentwicklungen der Ansichten die Atmosphäre im Club sich anscheinend über lange Zeit nicht verändert hatte und dass Thomas Mann, soweit ausreichend aufgrund der Wochenberichte beurteilbar, voll im Club integriert und akzeptiert blieb und als Nobelpreisträger, berühmter Romanautor, exzellenter Goethe-Kenner u. a. verehrt wurde, nicht aber als politisch engagierter Intellektueller erkannt wurde. Ernsthafte Dissonanzen lassen sich nicht erkennen. Lediglich der von einigen Mitgliedern des RCM mitgetragene bzw. sogar inszenierte »Protest der Richard-Wagner-Stadt München« erscheint als massiv gegen Thomas Mann gerichteter Vorgang. Soweit ersichtlich ist das aber der einzige aggressive Akt gegen ihn, der interessanterweise primär auf einem musikbezogenen Feld stattfand, der dann im Protest aber politisch umgemünzt wurde.

Bedauerlich ist, dass es trotz intensivsten Bemühens aufgrund unzureichender und möglicherweise z. T. gebiaster Darstellung in den Quellenlagen nicht gelingt, alle Detailaspekte aufzuklären bzw. ein schlüssiges und überzeugendes Gesamtkonzept der Hintergründe und Ausführung des Geschehens zu geben. Jeder Versuch einer umfassenden Deskription oder Erklärung bleibt somit lückenhaft und fragmentarisch.

Offenbar waren nur wenige Mitglieder des RCM, vorrangig Vorstandsmitglieder, initiativ bzw. eingeweiht in die Vorbereitung und Durchführung des Ausschlusses, während gegenüber den sonstigen Mitgliedern Stillschweigen gewahrt wurde bzw. Pseudoerklärungen angeboten wurden. Da Protokolle der Vorstandssitzungen nicht existieren bzw. nicht als Quelle vorliegen / nicht einsehbar sind, lassen sich genauere Hinweise über die Hauptakteure nicht finden. Selbst die Annahme, dass vermutlich Leupold die treibende Kraft war, ganz besonders hinsichtlich des Ausschlusses von Thomas Mann, basiert weitgehend auf Vermutungen.

Gerade das macht es auch so schwer, die eigentlichen Beweggründe für den Ausschluss von Thomas Mann herauszufinden. Sie können nur indirekt erschlossen werden. Ob es allerdings vorrangig die von den Nazis besonders kritisch gesehenen politischen Aussagen Thomas Manns waren und die angeblich an den Club herangetragene Erwartung, ihn auszuschließen, oder ob andere, z. T. auch persönliche oder sonstige Motive einzelner Mitglieder des Clubs zu gegen Thomas Mann gerichteten Aktivitäten, wie z. B. dem »Münchner Protest«, führten, bleibt unklar.

Aus der subjektiven Sicht des Erlebens von Thomas Mann war gerade die Geheimhaltung der Motive und Vorgehensweisen ein hochgradig schlimmer Aspekt des Ausschlusses, der ihn in besonderer Weise gekränkt hat.

Wie immer bei der Analyse historischer Zusammenhänge ist die Komplexität des Geschehens faszinierend. Im Falles des Ausschlusses von Thomas Mann handelt es sich um mindestens zwei Handlungsebenen und Handlungsstränge, die miteinander verbunden sind: das Geschehen innerhalb des Clubs und das Geschehen im Rahmen des »Protests der Richard-Wagner-Stadt München« gegen Thomas Mann. Beide Handlungsstränge sind durch einige wenige Mitglieder des Clubs miteinander verbunden.

Ein solch detailliert auf die Motivationen und Handlungen Einzelner gerichteter historischer Rückblick macht auch deutlich, wie im Rahmen der Nazidiktatur die Einstellungen und Motivationen durch das politische Gesamtumfeld geprägt und verändert wurden. Der Wunsch, auch unter den Bedingungen dieser Diktatur zu überleben, und die Angst vor körperlicher Bedrohung, Gefangenschaft und Tod brachten viele Menschen zu unerwarteten Anpassungen und Handlungen, die die ursprüngliche Einstellung in z. T. diametraler Richtung veränderten. Das war, neben den oben dargelegten Aspekten, wahrscheinlich einer der Gründe, warum Thomas Mann von den Mitgliedern des RCM nicht ausreichend gegen den Ausschluss geschützt wurde. Wenn es nicht einfach die Unkenntnis war, da ja das Ausschlussverfahren offenbar auf Vorstandsebene als Geheimaktion durchgeführt wurde.

Der im Jahr 1933 erfolgte Ausschluss Thomas Manns aus dem Rotary Club München wird von allen heutigen Mitgliedern zutiefst bedauert. Ohne irgendeinen Zweifel war er ein ganz besonders bedeutsames Mitglied des Rotary Club München. Es ist betrüblich, dass es angesichts der damaligen politischen, kulturpolitischen und sonstigen komplexen Gemengelage von Ideen und Meinungen im Club keine ausreichende Kraft gab, diesen Ausschluss zu verhindern.

Thomas Mann wurde durch den Ausschluss und die in gleicher Zeit entstandene Notwendigkeit ins Exil zu gehen so tief gekränkt, dass eine Wiederannäherung an den RCM nicht erfolgte und auch die Wiederannäherung an Deutschland sehr rudimentär blieb. Immerhin wurde seine literarische Leistung u. a. durch mehrere Preise / Ehrungen im Nachkriegsdeutschland gewürdigt, die Thomas Mann in Deutschland entgegennahm. Auch blieb er trotz aller Distanzierung zum Nachkriegsdeutschland ein Verfechter der deutschen Literatur und Kultur und hat diese mit seinem eigenen großen literarischen Werk sehr bereichert.

Mit dieser umfangreichen, die Biografie einschließenden, ausführlichen, wenn auch wegen der unzureichenden Quellenlage und in ihren Schlussfolgerungen deshalb unbefriedigenden Darstellung der Geschichte und Hintergründe seines Ausschlusses aus dem RCM soll seiner großen Bedeutung für den Rotary Club München Rechnung getragen werden.

Literaturverzeichnis

BÄUMLER, KLAUS: Thomas Mann und der »Protest der Richard-Wagner-Stadt München« (1933). Mit dem unbekannten Briefwechsel zwischen Thomas Mann und Oberbürgermeister Scharnagel sowie einem biografischen Anhang der Unterzeichner. In: Heißerer, Dirk (Hrsg.): Thomas Mann in München. Bd. 2. München: Peniope Verlag 2004.

BLÖDORN, ANDREAS / MARX, FRIEDHELM (HRSG.): Thomas Mann Handbuch. Leben – Werk – Wirkung. Stuttgart / Weimar: J. B. Metzler Verlag 2015.

BOCK, GISELA: Zwangssterilisation im Nationalsozialismus. Studien zur Rassenpolitik und Frauenpolitik. Opladen: Westdeutscher Verlag 1986. (Schriften des Zentralinstituts für Sozialwissenschaftliche Forschung der Freien Universität Berlin, Bd. 48).

BRENNER, MICHAEL: Vorwort zu »Nachbarschaften. Thomas Mann und seine jüdischen Schriftstellerkollegen in München«. In: Münchner Beiträge zur Jüdischen Geschichte und Kultur. Jg. 11, Heft 2 (2017), S. 5–10.

ERDMANN, PAUL: Rotarier unterm Hakenkreuz. Anpassung

und Widerstand in Stuttgart und München. Leipzig: Salier Verlag 2018.

GÖRTEMAKER. MANFRED: Thomas Mann und die Politik. Frankfurt am Main: S. Fischer Verlag 2005.

HANSEN, SEBASTIAN: Betrachtungen eines Politischen. Duisburg: Wellem Verlag 2013.

HARPPRECHT, KLAUS: Thomas Mann. Eine Biographie. Bd. 2. Reinbek bei Hamburg: Rowohlt Verlag 1995.

HEISSERER, DIRK / VOSS, EGON (HRSG.): Richard Wagner. Vortrag (1933). Edition und Dokumentation. Würzburg: Königshausen und Neumann Verlag ²2018. (Thomas-Mann-Schriftenreihe, Bd. 7).

HOCHE, ALFRED / BINDING, KARL: Die Freigabe der Vernichtung unwerten Lebens. Leipzig: Meiner Verlag 1920.

HORBAN, CORINNA: Gynäkologie und Nationalsozialismus. Die zwangssterilisierten, ehemaligen Patientinnen der I. Universitätsfrauenklinik heute – eine späte Entschuldigung (zugleich: München, Univ. Diss. 1999). München: Herbert Utz Verlag 1999.

HÜBINGER, PAUL EGON: Thomas Mann, die Universität Bonn und die Zeitgeschichte. Drei Kapitel deutscher Vergangenheit aus dem Leben des Dichters 1905–1955. München / Wien: Oldenbourg Verlag 1974.

JENS, INGE / JENS, WALTER: Frau Thomas Mann. Das Leben der Katharina Pringsheim. Hamburg: Rowohlt Verlag ⁸2006.

KEISER-HAYNE, HELGA: Erika Mann und ihr politisches Kabinett die »Pfeffermühle« 1933–1937. München: Edition Spangenberg 1990.

KOLBE, JÜRGEN: Heller Zauber. Thomas Mann in München 1894–1933. Berlin: Siedler Verlag 1987.

KRUSE, ROLF: Thomas Mann und Rotary. Unveröffentlichtes Manuskript des Vortrags beim Mittagsmeeting des Rotary Clubs. Offenburg 2001.

KURZKE, HERMANN: Thomas Mann. Epoche – Werk – Wirkung. München: Beck Verlag 1985.

KURZKE, HERMANN: Kommentarband zu Thomas Mann »Betrachtungen eines Unpolitischen«. Frankfurt am Main: S. Fischer Verlag 2009.

KUSCHEL, KARL-JOSEF: »Ist es nicht jener Ideenkomplex bürgerlicher Humanität?«. Glanz und Elend eines deutschen Rotariers – Thomas Mann. In: Sprecher, Thomas / Wimmer, Ruprecht (Hrsg.): Thomas Mann Jahrbuch. Bd. 19. Frankfurt am Main: Vittorio Klostermann Verlag 2006, S. 77–124.

MANN, ERIKA / MANN, KLAUS: Escape to Life. Deutsche Kultur im Exil. München: Edition Spangenberg 1991.

MANN, THOMAS: Betrachtungen eines Unpolitischen. Berlin: S. Fischer Verlag 1918.

MANN, THOMAS: Betrachtungen eines Unpolitischen. Berlin: S. Fischer Verlag ²1922.

MANN, THOMAS: Von deutscher Republik. Berlin: S. Fischer Verlag 1923.

MANN, THOMAS: Bleibt München Kulturzentrum? In: Kampf um München als Kulturzentrum. München: Richard Pflaum Verlag 1926, S. 7–12.

MANN, THOMAS: Deutsche Ansprache. Ein Appell an die Vernunft. Berlin: S. Fischer Verlag 1930.

MANN, THOMAS: Die Forderung des Tages. Abhandlungen und kleine Aufsätze über Literatur und Kunst. Berlin: S. Fischer Verlag 1986.

MANN, THOMAS: Gesammelte Werke in dreizehn Bänden. Taschenbuchausgabe. Frankfurt am Main: S. Fischer Verlag 1990.

MANN, THOMAS: Briefe 1896–1936. Hrsg. von Erika Mann. Frankfurt am Main: S. Fischer Verlag 1979.

MANN, THOMAS: Tagebücher 1933–1934 und 1940–1943. Hrsg. von Peter de Mendelssohn. Frankfurt am Main: S. Fischer Verlag 1997 / 1982.

MEUSCHEL, WALTHER: Chronik des Rotary Club München von 1928–1949. Publiziert 1978 im Band zum 50. Jubiläum des Rotary Clubs München. Nachgedruckt als Teil 1 in der von Paul U. Unschuld herausgegebenen Chronik des Rotary Club München 1928–2003. München: Cygnus Verlag 2003.

PRATER, DONALD A.: Thomas Mann. Deutscher und Weltbürger. Eine Biographie. München / Wien: Hanser Verlag 1955.

REED, TERENCE J.: Thomas Mann und die literarische Tradition. In: Koopmann, H. (Hrsg.): Thomas Mann – Handbuch. Stuttgart: Kröner Verlag 1990.

RÜDIN, ERNST: Psychiatrische Indikation zur Sterilisierung. In: Das kommende Geschlecht. Zeitschrift für Eugenik. Bd. 5, Heft 3 (1929).

THIEDE, ROLF: Stereotypen vom Juden. Die frühen Schriften von Heinrich und Thomas Mann. Berlin: Metropol Verlag 1998.

UNSCHULD, PAUL U. (HRSG.): Chronik des Rotary Club München 1928–2003. München: Cygnus Verlag 2003.

VAGET, HANS RUDOLF: Seelenzauber. Thomas Mann und die Musik. Frankfurt am Main: S. Fischer Verlag 2006.

VAGET, HANS RUDOLF: Musik in München. Kontext und Vorgeschichte des »Protestes der Richard-Wagner-Stadt München« gegen Thomas Mann. In: Heftrich, Eckhard / Sprecher, Thomas (Hrsg.): Thomas Mann Jahrbuch. Bd. 7. Frankfurt am Main: Vittorio Klostermann Verlag 1994, S. 41 ff.

VAGET, HANS RUDOLF: Im Schatten Wagners. Thomas

Mann über Richard Wagner. Texte und Zeugnisse 1895–1955. Ausgewählt, kommentiert und mit einem Essay von Hans-Rudolf Vaget. Frankfurt am Main: S. Fischer Verlag 1999.

WEDEMEYER, MANFRED: Den Menschen verpflichtet. 75 Jahre Rotary in Deutschland. In: Der Rotarier (2002), S. 50–61.

WALTER, BRUNO: Thema und Variationen. Erinnerungen und Gedanken. Frankfurt am Main: S. Fischer Verlag 1947.

WIKIPEDIA (HRSG.): Bücherverbrennung 1933 in Deutschland. https://de.wikipedia.org/wiki/B%C3%BCcherverbrennung_1933_in_Deutschland (04.02.2022, zuletzt aktualisiert am 24.12.2021).

WIKIPEDIA (HRSG.): Thomas Mann. https://de.wikipedia.org/wiki/Thomas_Mann (04.02.2022, zuletzt aktualisiert am 28.01.2022).

WIMMER, RUPRECHT (HRSG.): Thomas Mann und das Judentum. Die Vorträge des Berliner Kolloquiums der Deutschen Thomas Mann Gesellschaft. Frankfurt am Main: S. Fischer Verlag 2004.

Der »Protest der Richard-Wagner-Stadt München« gegen Thomas Mann und die Involviertheit von Mitgliedern des Rotary Club München

Hans-Jürgen Möller

Im Februar 1933 kam es zum »Protest der Richard-Wagner-Stadt München« gegen kritische Äußerungen Thomas Manns in seinen Festreden anlässlich des 50. Todestages von Richard Wagner. An diesem Protest waren berühmte Persönlichkeiten der Musik- und Kulturszene Münchens beteiligt (Vaget 1995, Bäumler 2004, Erdmann 2018).

Die Involviertheit oder gar treibende Kraft einiger, wenn auch weniger Mitglieder des Rotary Club München (RCM) in diese in der Presse ausgetragene öffentliche Protestaktion veranlasst zu der Frage, ob diese Aktion Ausdruck einer allgemeinen Ablehnung gegen Thomas Mann war. Angesichts der Tatsache, dass nur wenige Mitglieder des Rotary Club München an der Aktion beteiligt waren (s. u.), kann sie keineswegs als Ausdruck einer allgemeinen Ablehnung gegenüber Thomas Mann zu dem damaligen Zeitpunkt angesehen werden. Dazu gibt es auch sonst keine Hinweise, z. B. in den Wochenprotokollen des Rotary Club München (siehe der vorhergehende Beitrag!). Ganz im Gegenteil, die Wochenprotokolle des Rotary Club München im Zeitraum 1928 bis 1933 lassen erkennen, dass Thomas Mann ein hoch geehrtes Clubmitglied war.

Es stellt sich aber die Frage, warum einige wenige Mitglieder des Clubs sich an dem Protest beteiligten und ob dieses Verhalten einiger Clubmitglieder nicht gegen die Prinzipien rotarischer Freundschaft verstieß. Deshalb ist es im Rahmen der Beschäftigung mit der Beziehung zwischen dem Rotary Club München und Thomas Mann wichtig, die Hintergründe genauer und im Rahmen des Gesamtkontextes zu analysieren. Dies scheint auch unter dem Aspekt wichtig, dass der »Münchner Protest« das ohnehin problematische Verhältnis Thomas Manns mit den Nationalsozialisten zusätzlich belastet und somit indirekt zu seinem Ausschluss aus dem Rotary Club München beigetragen haben könnte.

Thomas Manns Festreden zum 50. Todestag von Richard Wagner

Thomas Mann wurde anlässlich des 50. Todestages von Richard Wagner (18. Februar 1883) zu mehreren Festvorträgen eingeladen. Dies hing wohl mit der großen Anerkennung zusammen, die ihm als wichtigem Repräsentanten der deutschen Kultur und als Nobelpreisträger für Literatur (1929) entgegengebracht wurde. Auch bezeichnete er sich selbst als Wagner-Liebhaber und hatte sich wiederholt in verschiedenen Kontexten zu Richard Wagner geäußert. Wie noch dargestellt wird (siehe letzten Abschnitt), hatte er immer wieder mit seiner Einstellung zum künstlerischen Schaffen Richard Wagners gekämpft, mal war sie positiv und sogar verehrungsvoll, mal negativ und kritisch ablehnend. Seine diesbezügliche Ambivalenz gegenüber dem Schaffen Wagners war aber wohl den meisten nicht bekannt. Möglicherweise war seitens der Auftraggeber weniger an einen spezifisch musikorientierten Vortrag gedacht, sondern mehr daran, das künstlerische Schaffen Richard Wagners aus kulturhistorischer Perspektive zu betrachten. Zu dieser Auffassung passt auch, dass die ursprüngliche Einladung von der Goethe-Gesellschaft ausgesprochen wurde, und zwar zu einem Vortrag im Auditorium Maximum der Universität München. Diese Festrede nutzte Thomas Mann dann weiter bei seinen nachfolgenden Vorträgen.

Diese fanden in München, Amsterdam, Brüssel und Paris, jeweils in festlichem Rahmen und mit hochkarätiger musikalischer Umrahmung, im Monat Februar 1933 statt (also noch vor dem Ausschluss Thomas Manns aus dem Rotary Club München am 4. April 1933) und es wurde in verschiedenen Zeitungen und anderen Druckmedien darüber berichtet, z. T. durchaus positiv.

Offenbar ganz besondere Aufmerksamkeit bekam der Festvortrag in Amsterdam am 13. Februar 1933, möglicherweise weil er direkt am Todestag Wagners (13. Februar 1983) stattfand. Der Bedeutung des Anlasses angemessen wurde eine feierliche Veranstaltung im großen Saal des Amsterdamer Konzerthauses (Concertgebouw) abgehalten. Eingeleitet wurde diese mit der Trauermusik aus der »Götterdämmerung« und dem »Siegfried-Idyll«, gespielt vom Concertgebouw-Orchester unter der Leitung von Erich Kleiber. Dann hielt Thomas Mann den Festvortrag. Das Redemanuskript liegt nicht in gedruckter Form vor, sondern lediglich ein längerer, darauf basierender bzw. dem zugrunde liegender Essay (»Leiden und Größe Richard Wagners«), der erst zwei Monate später (im April 1933) in der »Neuen Rundschau« (Mann 1933) publiziert wurde. Es ist unklar, inwieweit die Hauptinhalte des Vortrags kongruent waren, und wenn ja, inwieweit in der Rede durch notwendige Verkürzungen ggf. unerwünschte Verschärfungen in der Argumentation entstanden. In einer von Dirk Heißerer und Egon Voss herausgegebenen Edition und Dokumentation »Thomas Mann Vortrag 1933« (Heißerer und Voss 2018) wird versucht, dieser Frage weiter nachzugehen. Thomas Mann hat nachträglich, als er sich öffentlich in einer kritischen Stellungnahme zur Münchner Protestaktion äußerte, u. a. auf diese Möglichkeit von Missverständnissen hingewiesen.

Hinsichtlich des Inhalts der Festvorträge sind wir auf die Zeitungsberichte angewiesen. Vielzitiert in diesem Zusammenhang ist der Bericht in der Vossischen Zeitung (einer damals wichtigen Berliner Zeitung, die offensichtlich auch weit über Berlin hinaus gelesen wurde) vom 14. Februar 1933 über den Vortrag vom 13. Februar in Amsterdam. Thomas Mann hat diesen und andere Zeitungsberichte, trotz der sich daran anschließenden »Münchner Protestaktion«, soweit bekannt, nicht kritisiert oder gar Richtigstellungen veranlasst, sodass man grundsätzlich von einer adäquaten Berichterstattung ausgehen kann. Neben einigen positiven Aussagen zum Schaffen/zur Musik von Richard Wagner hat Thomas Mann offenbar eine Reihe kritischer Aussagen gemacht, die sich im genannten Zeitungsbericht u. a. so lesen:

»Sein Schaffen hat als ein mit höchster Willenskraft ins Monomanische getriebener Dilettantismus zu gelten; im Kern haftet Ihm etwas Amusisches an. Seine Musik ist ebenso wenig Musik im reinen Sinne, wie seine Operntexte reine Literatur sind. Es ist die Musik einer beladenen Seele ohne tänzerischen Schwung, in langwierigen, ineinandergreifenden Arbeitsjahren zum Werk aufgebaut.« (Vossische Zeitung, 14. Februar 1933)

Wenn man auf den »Essay« zurückgreift, so liest sich einiges zumindest differenzierter. In der Tat könnte man vermuten, dass die längere Textfassung der kritisierten Aussagen im Amsterdamer Vortrag im Essay möglicherweise viele Irritationen nicht hätte aufkommen lassen, weil dann zumindest die Hintergründe seiner Aussagen besser erkennbar wären. So schreibt er z. B. im Essay: »Tatsächlich, und nicht nur oberflächlich, sondern mit Leidenschaft und Bewunderung hingeblickt, kann man sagen, auf die Gefahr hin missverstanden zu werden, dass Wagners Kunst ein mit höchster Willenskraft und Intelligenz monumentalisierter und ins Geniehafte getriebener Dilettantismus ist. Die Vereinigungsidee der Künste selbst hat etwas Dilettantisches und wäre ohne die mit höchster Kraft vollzogene Unterwerfung ihrer aller unter sein ungeheures Ausdrucksgenie im Dilettantischen steckengeblieben. Es ist etwas Zweifelhaftes um seine Beziehung zu den Künsten; so unsinnig es klingt, haftet ihr etwas Amusisches an.« (Zit. nach Heißerer und Voss 2018,

S. 15) Hinsichtlich des Anfangs dieser Aussage nimmt er Bezug auf Nietzsche, der in seiner vierten (»Richard Wagner in Bayreuth«) der »Unzeitgemäßen Betrachtungen« (Nietzsche 1876) sagte, er sei wegen der offenen Beziehung zu allen Künsten und zur Gelehrsamkeit in seiner Jugend zum »Dilettantisieren« geboren.

Es ist gut, in dem Kontext weiter auf den erwähnten Essay (Mann 1933) einzugehen, zumal im »Münchner Protest« auch davon einiges zum Gegenstand wird. Thomas Mann stellte in dem Essay Wagners musikdramatische Werke als eine der »epischen Riesenlasten« des 19. Jahrhunderts dar und setzte sie mit Balzac, Zola und Tolstoi in Beziehung. Bezüglich Wagners Bühnentexten kommentierte er, »Wagner sei ohne Musik kein Dichter« und »Wagners Musik« sei »so ganz und gar nicht Musik, wie die dramatische Unterlage, die sie zur Dichtung vervollständigt [keine] Literatur ist … sie ist Psychologie, Symbol, Mystik, Empathie – alles; aber nicht Musik in dem reinen vollwertigen Sinn jener verwirrten Kunstrichter seiner Zeit«. Thomas Mann ging in dem Essay obendrein auf psychologisierende / psychoanalytische Aspekte der Bühnengeschöpfe Wagners ein.

Wahrscheinlich fragten sich schon damals Musikexperten, wie Thomas Mann sich in seinem Amsterdamer Vortrag zu so weitgehenden kritischen Aussagen wie u. a. »Dilettantismus« und »Amusisches« vorwagen konnte, und das, wie er selbst wiederholt darstellte, als Liebhaber der Musik Wagners. Er hatte keinen speziellen musikbezogenen Kompetenzhintergrund, sondern war ein berühmter Romanschriftsteller mit sicherlich großem Interesse an Kulturgeschichte und aktuellen literarischen und kulturellen Aktivitäten und auch an der Musik. In Vorträgen höre ich immer wieder das Gegenargument, dass Thomas Mann doch an anderer Stelle hohe Kompetenz in Musikfragen bewiesen habe, z. B. in seinem Roman »Doktor Faustus«. Dabei ist allerdings zu bedenken, dass Schönberg hinsichtlich der Ausführungen in Kapitel 22 des Romans, das sich mit der Entwicklung der Zwölftonmusik beschäftigt, die Nennung seiner Urheberschaft eingefordert hat (vgl. dazu den Briefwechsel zwischen Arnold Schönberg und Thomas Mann, publiziert 2008, auch den aufgrund dieses Streits nötig gewordenen Kommentar am Ende des Romans). Auch Adorno, der sich als geistiger Vater dieses und der anderen musikbezogenen Kapitel ansieht (siehe Schriftwechsel Thomas Mann / Adorno), ist darüber in einen schweren Konflikt mit Mann geraten (Klein 2002). Wie auch immer man dies alles bewerten mag, zweifelsohne hat sich Thomas Mann über lange Zeit mit Fragen der kulturellen Bedeutung der Musik und des künstlerischen Werks Richard Wagners beschäftigt (siehe letzten Abschnitt!).

Dass Thomas Mann derart kritische Bewertungen vornahm, war wahrscheinlich aus damaliger Sicht für einen Festvortrag völlig unerwartet. Was kann man Schlimmeres über einen berühmten Komponisten sagen, als ihn öffentlich des »Dilettantismus« und der »Amusie« zu bezichtigen? Diese massiven kritischen Äußerungen sind wahrscheinlich aus der damaligen Autoritätsgläubigkeit als ungewöhnlich und deplatziert empfunden worden, zumal im Rahmen eines Festvortrages. Sie stehen in krassem Gegensatz zur positiven Bewertung Wagners durch Fachleute der damaligen Zeit wie z. B. in der Kommentierung der Wagner-Vorträge Manns durch Joseph Marx (1935 im Neuen Wiener Journal, 43, S. 269 ff.) oder im Artikel über Richard Wagner in Riemanns Musiklexikon in der Auflage von 1922 erkennbar. Die kritischen Aussagen müssen einen besonderen Hintergrund haben, wie im letzten Abschnitt dargestellt.

Der »Protest der Richard-Wagner-Stadt München« gegen Thomas Manns Wagner-Festreden

Manns kritische Bewertung Wagners, wie sie sich in den Zeitungsberichten des Vortrags in Amsterdam darstellte, führte in München zu großen Irritationen. Dies allerdings noch aus einem ganz anderen Grund als der erwarteten grundsätzlichen Hochachtung vor einem international berühmten Komponisten wie Richard Wagner. Deutschland suchte nach den Erniedrigungen in der Nachfolgezeit des Ersten Weltkriegs mühsam wieder nach eigener Autorität und Größe und zunehmend entwickelte sich eine nationale / nationalistische Bewegung, die in der Zeit unmittelbar vor der Etablierung der NS-Herrschaft ihren Höhepunkt erreichte. Richard Wagner war in diesem Kontext der hochverehrte Repräsentant deutscher Musik und Kultur (Kolbe 1987, Vaget 1999) und galt als sakrosankt, gewissermaßen ein »nationaler Heiliger«. Ihn auf diese Weise zu verunglimpfen, wurde aus dem überschäumenden Kulturnationalismus der Zeit als ein verabscheuungswürdiges Sakrileg empfunden, und dies nicht nur im kulturellen, sondern auch im allgemein politischen Sinne.

Wohl deshalb sammelte sich eine große Gruppe von hochkarätigen Vertretern der Münchner Musik- und Kulturszene zum »Protest der Richard-Wagner-Stadt München«, der u. a. in der Osterausgabe der »Münchner Zeitung« am 15. / 16. April publiziert wurde (Erdmann 2018, S. 447 ff.). Dies war etwa 14 Tage nach Abschluss der Münchner Wagner-Gedächtnisveranstaltungen mit der Aufführung des »Parzival« unter der musikalischen Leitung des berühmten Wagner-Dirigenten Hans

Knappertsbusch im Prinzregententheater am 2. April 1933. Das Anschreiben mit dem Aufruf zur Unterzeichnung des Protestschreibens wurde von Knappertsbusch (Mitglied des Rotary Club München) am 3. April 1933 unterschrieben, also gewissermaßen zu einem Zeitpunkt, als sich Knappertsbusch durch sein Dirigat des »Parsifals« noch einmal seiner Liebe zu Wagners Musik versichert hatte.

Das Protestschreiben wurde in der Folgezeit von 45 Repräsentanten des Münchner Musik- und Kulturlebens unterschrieben, u. a. von sechs Mitgliedern des Rotary Club München, darunter Hans Knappertsbusch. Zwischen dem Erscheinen des Berichts in der »Vossischen Zeitung« und dem Erscheinen des Protests in der »Münchner Zeitung« (Verlagsdirektor Wilhelm Leupold, Mitglied des Rotary Club München) vergingen, wie ersichtlich, Wochen, weil vermutlich die Organisation der Gruppe und die internen Abstimmungsprozesse über den Text viel Zeit brauchten.

Hans Knappertsbusch trat als Erstunterzeichner in Erscheinung und wird deswegen von einigen als Initiator angesehen. Es ist aber unklar, ob er wirklich eine federführende Rolle beim Textentwurf oder bei der weiteren Inszenierung des Protestes hatte. Zu den Unterzeichnern des Protests gehörten insgesamt sechs Mitglieder des Rotary Club München. Das waren vier der Initiatoren / Verfasser: Hans Knappertsbusch (Generalmusikdirektor des Münchner Nationaltheaters), Wilhelm Leupold (Verlagsdirektor), Clemens von Frankenstein (Generalintendant des Bayerischen Nationaltheaters) und Arthur Bauckner (Direktor der Bayerischen Staatstheater). Als weitere RCM-Mitglieder unterschrieben der Biologe Prof. Reinhard Demoll und der Mediziner Professor Gottfried Boehm (Erdmann 2018, S. 307).

Es ist unklar, ob der Protest eine primär von der Hochachtung zu Wagners Musik und von kulturellen Interessen getriebene Öffentlichkeitsaktion war. Alternativ wurde diskutiert, ob der Protest Ausdruck einer politischen Intrige gegen Thomas Mann war, der zunächst als international bekannter Repräsentant der deutschen Kultur geachtet wurde, dann durch verschiedene Äußerungen beim NS-Regime in Misskredit geraten war, sodass insgeheim für den Fall einer ggf. beabsichtigen Ausreise sogar die Möglichkeit einer »Schutzhaft« vorbereitet worden war. Erdmann (2018, S. 447 ff.) geht ausführlich auf alle mögliche Hypothesen zu den motivationalen und organisatorischen Hintergründen ein. Er glaubt, einen gezielten politischen Hintergrund weitgehend ausschließen zu können. Vorrangig erscheinen ihm eher künstlerische / musikalische Gesichtspunkte sowie mögliche Konflikte in der Kunst- / Musikszene und unter den Musikern / Komponisten, u. a. auch die Musikauffassung / -interpretation betreffende Konflikte zwischen Hans Knappertsbusch und Thomas Mann.

Der »Protest der Richard-Wagner-Stadt München« scheint die einzige offensiv und öffentlich geführte Attacke gegen Thomas Mann gewesen zu sein, an der einige wenige Mitglieder des Rotary Club München beteiligt waren.

Er steht zumindest zeitlich in engem Bezug zum Ausschluss Thomas Manns und zumindest einer der Initiatoren (Leupold) war auch eng an der Vorbereitung des Ausschlusses beteiligt. Bäumler (Bäumler 2004) kam in seiner Analyse der Intention des »Protests« zu der Auffassung, dass Wilhelm Leupold, der beim Ausschluss Thomas Manns aus dem Rotary Club München am 4. April 1933 bestimmenden Einfluss genommen habe, ebenfalls, zusammen mit einigen seiner rotarischen Freunde, initiativ bei der Ausformung und Veröffentlichung des »Protest« gewesen sei. Für Leupold und diese Rotarier sei bei dem Protest gegen Thomas Mann und bei dessem Ausschluss aus dem Rotary Club München möglicherweise die gleiche Absicht leitend gewesen. Durch den Ausschluss Thomas Manns aus dem Club sollte den nationalsozialistischen Behörden öffentlich bekundet werden, dass sich der Club von Thomas Mann distanzierte, und der Protest gegen seine Festreden über Wagner sollte zum Ausdruck bringen, dass die Initiatoren Manns Infragestellung der deutschnationalen Bedeutung Wagners nicht teilten.

Der »Protest der Richard-Wagner-Stadt München« gegen Thomas Mann war, soweit aus den Protokollen des Rotary Club München und sonstigen Informationen erkennbar, der einzige Akt manifester Ablehnung gegen Thomas Mann, an dem Mitglieder beteiligt waren. Interessanterweise tritt er in den Rotary-Wochenprotokollen nicht als Thema in Erscheinung. Unklar ist, ob es sich hinsichtlich der beteiligten Rotary-Mitglieder primär und allein um eine politische motivierte Aktion handelte oder ob auch gleichermaßen künstlerische / musikbezogene Gründe eine Rolle spielten. Unklar ist auch, ob es sich ggf. primär um eine einer oder wenigen Einzelperson/en (z. B. Leupold) dienende Intrige handelte, durch die diese sich den regionalen Nazi-Repräsentanten andienen wollten. Im Text des Protestschreibens kommen sowohl politische wie auch musikbezogene Aspekte zum Ausdruck. Wegen der Wichtigkeit im Hinblick auf den Rotary Club München insgesamt oder auf einzelne Clubmitglieder bedarf dieser »Protest« einer weitergehenden Analyse.

Der Inhalt des Protestschreibens und die Reaktion Thomas Manns

Das Protestschreiben (»Münchner Zeitung«, 14./15. April 1933) liest sich nicht wie eine differenzierte intellektuelle Kritik an den Inhalten des Amsterdamer Vortrags bzw. der sonstigen Gedenkvorträge, die Mann anlässlich des 50. Todestages von Richard Wagner hielt, sondern eher wie ein vorrangig emotionsgeladenes Pamphlet, das obendrein sprachlich nicht befriedigend formuliert ist. Die Autoren protestieren aus überschäumendem nationalistischem Zeitgeist heraus gegen die »Verunglimpfung« des »deutschen Meisters« Richard Wagner. Das Protestschreiben entzieht den Konflikt weitgehend der rein kulturellen/musikalischen Ebene und gibt ihm stattdessen eine starke politische Dimension. Nachfolgend ein kurzer Auszug:

»Nachdem die nationale Erhebung Deutschlands festes Gefüge angenommen hat, kann es nicht mehr als Ablenkung empfunden werden, wenn wir uns an die Öffentlichkeit wenden, um das Andenken an den großen deutschen Meister Richard Wagner vor Verunglimpfung zu schützen. Wir empfinden Wagner als musikalisch-dramatischen Ausdruck tiefsten deutschen Gefühls, das wir nicht durch ästhetisierenden Snobismus beleidigen lassen wollen, wie das mit so überheblicher Geschwollenheit in Richards-Wagner Gedenkreden von Herrn Thomas Mann geschieht« (»Münchner Zeitung«, 14./15. April 1933; der Wortlaut des Protests findet sich auch abgedruckt in Erdmann 2018, S. 447).

Es ist interessant, das schon im nächsten Absatz die Brücke zur politischen Positionierung Manns gezogen wird: Herr

Mann, der das Unglück erlitten habe, seine früher nationale Gesinnung bei der Errichtung der Republik einzubüßen und mit einer kosmopolitisch demokratischen zu vertauschen, habe daraus nicht die Nutzanwendung einer schamhaften Zurückhaltung gezogen, sondern mache im Ausland als Vertreter deutschen Geistes von sich reden. Er habe in Brüssel und Amsterdam und an andren Orten Wagners Gestalten als »Fundgrube für die Freudsche Psychoanalyse« und sein Werk als einen »mit höchster Willenskraft ins Monomanische getriebenen Dilettantismus« dargestellt. Seine Musik sei ebenso wenig Musik im reinen Sinne, wie seine Operntexte reine Literatur seien. Es sei die »Musik einer beladenen Seele ohne tänzerischen Schwung«. Im Kern hafte ihm etwas Amusisches an.

Es folgt dann im letzten Absatz eine erneute Hinwendung ins Politisch / Kulturpolitische, und zwar in Hinblick auf Manns umfangreichen Essay »Betrachtungen eines Unpolitischen«. Es wird Mann vorgeworfen, er habe in der zweiten Auflage der »Betrachtungen eines Unpolitischen« Veränderungen / Kürzungen vorgenommen mit dem Ziel, »nach seiner Bekehrung zum republikanischen System« den ursprünglich konservativen Inhalt entsprechend umzugestalten und an den wichtigsten Stellen in ihr Gegenteil zu verkehren. Er habe somit kein Recht auf die Kritik »wertbeständiger deutscher Geisteswesen«.

Thomas Mann war empört über dieses Protestschreiben, wies die Vorwürfe am 19. April 1933 in einem in der »DAZ« (Deutsche Allgemeine Zeitung) publizierten langen Brief zurück und betonte, dass diese falschen Anschuldigungen eine »nationale Entrüstung« gegen ihn »aufrufen könnten«. Er betonte seine lebenslange »Passion für Wagners zaubervolles Werk«. Er bezog sich in seiner Argumentation nicht auf die Zeitungspublikationen seiner Vorträge, sondern auf seine 52-seitige Studie »Leiden und Größe Richard Wagners«, die im Aprilheft 2013 der »Neuen

Rundschau« veröffentlicht wurde (Heißerer und Voss 2018). Er warf den Autoren des Protests vor, entweder diese Publikation nicht gelesen oder sie missverstanden zu haben. An die Möglichkeit, dass es wegen der Zeitschiene des Protestschreibens und der erst im April erfolgten Publikation dieser Schrift den Verfassern nicht möglich war, diese zu lesen bzw. das Ergebnis der Lektüre noch in das Protestschreiben einzubeziehen, dachte er offenbar nicht. Auf die Inhalte der Zeitungsartikel ging er nicht ein, weil er den Essay offenbar allein für das aussagekräftige Dokument ansah. Er betonte, dass der Protest aus einem »schweren Missverständnis« hervorgegangen sei, dass ihm »bitteres Unrecht« zugefügt worden sei, und beteuerte abschließend seine »Verbundenheit mit deutscher Kultur und Überlieferung«.

Der oben erwähnte Brief ist in Lugano geschrieben, wo Thomas Mann zusammen mit seiner Frau direkt nach den Wagner-Vorträgen, also ohne vorher nach Deutschland zurückgekehrt zu sein, gereist war, da er selber das Gefühl hatte und ihm von Freunden / Familienangehörigen geraten worden war, dass aufgrund der sich zunehmend verändernden politischen Situation in Deutschland, die auch die zunehmende kritische Bewertung der Person Thomas Manns einschloss, eine Rückkehr nach Deutschland mit zu großen Risiken behaftet sei. So wurde Lugano die erste Station des Asyls des Ehepaares Mann.

Kurze Zeit nach dem Ausschluss der jüdischen Mitglieder und Thomas Manns aus dem Rotary Club München sind acht Mitglieder aus Solidarität mit den jüdischen Mitgliedern aus dem RCM ausgetreten, darunter auch Mitunterzeichner des Protestes, u. a. auch Hans Knappertsbusch, der sich später von seiner Beteiligung an dem Protest gegen Mann distanziert hat.

Bewertung des Münchner Protests gegen Thomas Mann aus heutiger Sicht

Aus heutiger Sicht war das Protestschreiben, gerade in seiner Undifferenziertheit und in seiner weit über das Kulturelle hinausgehenden politischen Dimensionierung, ein überschießender unfreundlicher Akt. Die führende Teilnahme einiger weniger Mitglieder des Rotary Club München widerspricht den rotarischen Regularien. Eine derartige kritische Aktion gegen ein Mitglied des Rotary Club ist nur aus der damals überschäumenden nationalistischen Aufbruchsstimmung nachzuvollziehen und aus der Vermutung, dass ein Gespräch mit Richard Wagner wegen seines Fortgangs nach Lugano offenbar von den Initiatoren des Protests nicht als möglich angesehen wurde. Ob dies ein realistisches Argument war, scheint aus heutiger Sicht fragwürdig, mag aber vor dem Hintergrund der damaligen politischen Verhältnisse anders zu bewerten sein.

Im Gegensatz zu der erwähnten Position Erdmanns (Erdmann 2018), der den »Münchner Protest« nicht als vorwiegend politisch motiviert ansieht, sondern vorrangig einen überwiegend musikbezogenen Konflikt annimmt, resümiert Hübinger (Hübinger 1974, S. 131), dass der »Protest« in der Situation des Frühjahres 1933 nichts anderes war als eine klare Denunziation mit dem unverkennbaren Ziel, Thomas Mann als Feind Deutschlands in Verruf zu bringen. Die Annahme, dass es den Initiatoren bei diesem »Protest« in erster Linie darum gegangen sei, sich dem Regime durch Kritik Thomas Manns fragwürdiger weltbürgerlicher sozialistischer Gesinnung zu empfehlen, wird auch von Vaget (1995, 2006) in seiner umsichtigen Dokumentation und Interpretation des Vorgangs gestützt. Vaget führt u. a. aus, dass die mehr oder weniger sachlichen Vorwürfe des »Protests« dadurch eine gefährliche politische Brisanz erhielten, dass eingangs die »nationale Erhebung Deutschlands« beschworen wurde, die eben gerade ein »festes Gefüge« angenommen habe. Gemeint sind Hitlers Regierungsantritt und das Ermächtigungsgesetz vom 23. März 1933, zwei Wochen vor Beginn der »Protest«-Aktion. Diese gezielten Anspielungen seien einer Anrufung Hitlers gleichgekommen und hätten aus der Rede Thomas Manns eine Staatssache gemacht. Für Thomas Mann sei durch die Anbiederung der Münchner Wagnerianer an die neuen Machthaber eine ungeheure, in ihren Auswirkungen nicht abzusehende Bedrohung entstanden. Wenig später erließ die Politische Polizei in der Tat einen »Schutzhaftbefehl«, unterzeichnet von R. T. Heydrich, der Thomas Mann beim Wiederbetreten Deutschlands wahrscheinlich nach Dachau gebracht hätte.

Bei der Beurteilung des Münchner »Protests« und seiner Verknüpfung musikbezogener und politischer Aspekte ist zu bedenken, dass in den 20er- bis 30er-Jahren auch die Welt der Musik sehr stark in politisch geprägte Richtungskämpfe verwickelt war, bei denen u. a. deutschnationale Positionen eine große Rolle spielten. Dazu das folgende von Erdmann 2018, S. 332 ff. erwähnte Beispiel: Bruno Walter nahm 1922 den Ruf an die Wiener Staatsoper an, in München folgte ihm Hans Knappertsbusch als Generalmusikdirektor der Münchner Staatsoper. In München gab es das Gerücht, dass der Druck rechtsradikaler Kreise, die ihn wegen seines jüdischen Hintergrunds befehdeten, Bruno Walter zum Wechsel nach Wien gezwungen habe. Bruno Walter selbst wies diese Behauptung in seiner Autobiografie (Walter 1967) zurück, in der er betont, dass er den Wechsel freiwillig und wegen bestimmter biografischer Konstellationen vollzogen habe. Linksgerichtete Kreise wandten sich kritisch gegen Knappertsbusch und behaupteten, er habe den Besseren verdrängt. Von mehreren Literaten und Künstlern (u. a. Franz Stuck, Ricarda Huch, Olaf Gulbransson, Thomas Mann) wurde eine Eingabe verfasst, die das Bleiben Bruno Walters verlangte. Rechte Kreise hingegen, z. B. der »Völkische Beobachter«, priesen die Berufung von Hans Knappertsbusch, u. a. da man ihn für geeigneter hielt, das deutsche Repertoire, u. a. die Werke Wagners, adäquat zu dirigieren. So kam es, dass man Knappertsbusch den Rechten zuordnete. Doch Knappertsbusch hielt auf Distanz, da er nicht nationalsozialistisch und antisemitisch eingestellt war. Dadurch unterschied er sich in seiner nationalkonservativen Einstellung von den Nationalsozialisten.

Die Ambivalenz Thomas Manns gegenüber Wagner und Knappertsbusch wird aus seinem Brief an Josef Ponten vom 16. August 1926, in dem er über die Parsifal-Aufführung in München berichtet, deutlich: »Ihre rheinisch Unschuld wird unter den Akzenten der gestrigen Geschlechtsorgie bis zum Ende schwer gelitten haben. Sie bleibt aber ein Greisenwerk und als letzter Ausdruck einer romantisch-extremen Seele verehrungswürdig. Gewisse positive Momente, wie die Charfreitagsstimmung … endlich die mächtige Verwandlungsmusik Weg zum Heiligtum, werden Sie doch ergriffen haben, besonders da Knappertsbusch, den ich sonst nicht sehr bewundere, mit großer Kraft auf alles hinwies« (zit. nach Erdmann 2018, S. 318).

Das ambivalente und wechselhafte Verhältnis Thomas Manns zu Richard Wagner

Bei aller kritischen Sicht am Verhalten der in den Protest involvierten Mitglieder des Rotary Club München darf allerdings die unerwartete Kritik Thomas Manns an Richard Wagners Werk in seinen Gedenkreden nicht vergessen werden. War er wirklich eindeutig und durchgehend ein Verehrer Richard Wagners, wie er in seiner kritischen Stellungnahme zum »Münchner Protest« betont hat? Versucht man dieser Frage nachzugehen, so wird das ambivalente Verhältnis Manns zur Musik/zum Werk Richard Wagners deutlich. Insofern erscheint die Kristallisation kritischer Argumente, wie sie in den Festreden in Erscheinung tritt, durchaus nichts Singuläres. Dazu nachfolgend eine Reihe von Beispielen. Gleichzeitig wird daraus auch deutlich, wie sehr er sich mit Musik im Allgemeinen und im Speziellen beschäftigte, wie sehr er sich selbst als »Musiker« sah und wie er dbzgl. von anderen gesehen wurde.

Von Anfang an verstand sich Thomas Mann als Musiker unter den Dichtern (Hansen 2013, S. 95). Früh hat auch die Kritik diese Sichtweise bestätigt, Richard Schaukal in einem Porträt Thomas Manns in der »Rheinisch-Westfälischen Zeitung«: »Thomas Mann ist eminent musikalisch. Man kann das nicht bloß aus gelegentlichen delikaten Äußerungen über Werke der Tonkunst, an den bis zur zitternden Sensibilität gesteigerten Musikergestalten, die er geschaffen, man kann das noch überzeugender aus der durchaus rhythmischen Art seiner gleichsam schwebenden Prosa erkennen« (Schaukal: Thomas Mann. Ein literar-psychologisches Porträt. In: Rheinisch-westfälische Zeitung vom 9. August 1903, abgedruckt in Schröter 1969, S. 27).

Es finden sich in der Literatur viele Hinweise, dass sich Thomas Mann intensiv, z. B. durch Besuche von Opernaufführungen, mit Wagners Musik auseinandergesetzt hat. Dazu nachfolgend ein paar Beispiele, die dem umfangreichen Kommentarband zu Thomas Manns großem Essay »Betrachtungen eines Unpolitischen« von Kurzke entnommen sind. Er (Kurzke 2009, S. 198) verweist u. a. auf die Thomas-Mann-Chronik von Heine und Schommer (2004, S. 20). Für den Sommer 1990 sind dort zahlreiche Theaterabende mit Wagner-Vorstellungen erwähnt, mit Schwerpunkt auf dem »Ring« und vor allem »Tristan und Isolde«. Nach Kurzke hat Thomas Manns »Wagner-Passion« eine lange, bis in die Lübecker Jugendzeit zurückreichende Vorgeschichte (Lohengrin 1891!), die viele Spuren im dichterischen (z. B. Buddenbrooks, Tristan u. a.) und im essayistischen Werk hinterlassen habe.

Thomas Mann erinnert sich an zwei verschiedene Wagner-Konzerte in Rom (nach Kurzke 2009, S. 207) – wahrscheinlich einem Rom-Aufenthalt im Jahr 1895 oder 1897 zuzuordnen –, eines auf dem Pincio (mit dem Lohengrin-Vorspiel) und ein zweites auf der Piazza Colonnna. Auftritte wie die von Wagner berichteten scheinen eine Art Markenzeichen des Dirigenten Vessalla, eines Anwalts Wagners, gewesen zu sein, der damals Leiter der »Banda communale di Roma« war. Vaget (Vaget 2006, S. 26) sieht in dieser Szene die Geburtsstunde des Mannschen Nationalismus und leitet aus ihr den deutschen Kulturimperialismus ab, der dazu diente, »den deutschen Expansionswillen kulturell zu legitimieren«.

Die Oper »Meistersinger« stand nach Kurzke (2009, S. 262) im Münchner Hoftheater in der Spielzeit 1901 / 1902 auf dem Programm und wurde von Thomas Mann mehrfach besucht, wie aus dem Briefwechsel mit den Brüdern Ehrenberg hervorgehe.

Kurzke (2009 S. 250) erwähnt, dass Thomas Mann am 29. Juni 1919 den »Lohengrin« hörte. Er »genoß innig die lieblichen Klänge«, wie er im Tagebuch notierte. Heinrichs »civilisatorische Verulkung« im »Untertan« sei hässlich.

Thomas Mann betonte in seiner Kritik am Münchner Protest, dass er Wagners Musik immer sehr geschätzt habe und es deshalb falsch sei, ihn als generellen Kritiker der Kunst / Musik Richards Wagners zu brandmarken. Er hat sie sicherlich gut gekannt! Ob er sie wirklich immer geschätzt hat, ist aber zu hinterfragen. Vergegenwärtigt man sich eine Reihe von Aussagen Thomas Manns zu Richard Wagner, so wird deutlich, dass die Bewertung Richard Wagners und das Verhältnis zu ihm sehr ambivalent und starken zeitlichen Schwankungen unterworfen waren. Dies wurde auch schon aus den Zitaten im vorhergehenden Abschnitt deutlich. Eine durchgehende Verehrung, wie er sie in dem Kontext des Münchner Protests vorgab, ist nicht zu erkennen. Dies sei in einer Reihe von Aussagen dargestellt, deren Bewertung in die eine oder andere Richtung manchmal etwas schwierig ist, da Thomas Mann häufig, wie auch in anderen Kontexten – der große Essay »Die Betrachtungen eines Unpolitischen« ist ein Musterbeispiel dafür – in sich widersprüchliche erscheinende Aussagen formulierte, die zumindest z. T. vieldeutig bleiben. Ein Beispiel für diese eigenartig ambivalente, in sich gebrochene Einschätzung Richard Wagners durch Thomas Mann ist der folgende Text aus »Einkehr« (1917; zit. nach Kurzke 2009, S. 70):

»In der Tat ist Wagner als geistige Erscheinung so gewaltig deutsch, dass mir immer schien, man müsse unbedingt sein Werk mit Leidenschaft erlebt haben, um von der tiefen Herrlichkeit sowohl wie von der quälenden Problematik deutschen Wesens irgendetwas- wenn nicht verstehen, so doch zu ahnen.

Aber außerdem, dass dieses Werk eine eruptive Offenbarung deutschen Wesens ist, ist es auch eine schauspielerische Darstellung davon und zwar eine Darstellung, deren Intellektualismus und plakathafte Wirksamkeit bis zum Grotesken, bis zum Parodischen geht, – eine Darstellung, die, sehr roh gesprochen, momentweise nicht völlig über den Verdacht erhaben ist, Beziehungen zur Fremdenindustrie zu unterhalten, und die bestimmt scheint, ein neugierig schauderndes Entente-Publikum zu dem Ausruf hinzureißen: ›Ah, c,a c'est bien allemand par exemple‹.«

Auch das folgende Zitat lässt einen ambivalenten Spannungsbogen erkennen. Im Brief an Hermann Hesse (vom 1. April 1910), als Antwort auf dessen kritische Anmerkungen zu »Königliche Hoheit« (Kurzke 2009, S. 238), schreibt Mann: »Oft glaube ich, dass das, was sie ›Antreiberei des Publicums‹ nennen, ein Ergebnis meines langen leidenschaftlich-kritischen Enthusiasmus für Richard Wagner ist – diese ebenso exklusive wie demagogische Kunst, die mein Ideal, meine Bedürfnisse, korrumpiert hat.« Nietzsche spricht einmal von Wagners »wechselnder Optik«: »[B]ald in Hinsicht auf die gröbsten Bedürfnisse, bald in Hinsicht auf die raffiniertesten. Dies ist der Einfluss, den ich meine, und ich weiß nicht, ob ich je den Willen finden werde, mich seiner völlig zu entschlagen« (Mann, GFKA 21, S. 488).

Die in diesen beiden Zitaten sich als ambivalent darstellende Einstellung Thomas Manns zu Wagner war, wenn man weitere Zitate heranzieht, offensichtlich deutlichen zeitlichen Schwankungen unterworfen, wie aus dem folgenden Vergleich einiger weiterer hervorgeht.

Aus einer vorübergehenden künstlerischen Unsicherheit nach den »Buddenbrooks« wandte sich Mann z. B. in den Jahren nach 1905 der Neuklassik zu (Hansen 2013, S. 91 / 92). In dem Zusammenhang kam es zu einem Wechsel der ursprünglich so positiven Einschätzung Richard Wagners als seinen »Meister und nordischen Gott« (im Essay »Der französische Einfluss«, GKFA 14.1, S. 75). Schon 1911 sah er sich dieser Kunst gegenüber geradezu in einer »Krise«, wie er in einem Brief an Ernst Bertram vom 11. August 1911 (GKFA 21, S. 478) schrieb. Öffentlich nahm er in diesem Jahr Abschied von Wagner, dabei die Neuklassik als Kunstideal der Zukunft ankündigend: »Wagner ist neunzehntes Jahrhundert durch und durch, ja, er ist der repräsentative Künstler dieser Epoche, die vielleicht als groß und gewiss als unglückselig im Gedächtnis der Menschheit fortleben wird. Denke ich aber an das Meisterwerk des zwanzigsten Jahrhunderts, so schwebt mir etwas vor, was sich von dem Wagnerschen sehr wesentlich und, wie ich glaube, vorteilhaft unterscheidet, – irgendetwas ausnehmend Logisches, Formvollendetes und Klares, etwas zugleich Strenges und Heiteres, von nicht geringerer Willensanspannung als jenes, aber von kühlerer, vornehmerer und selbst gesünderer Geistigkeit, etwas das seine Größe nicht im Barock-Kolossalischen und seine Schönheit nicht im Rausche sucht, – eine neue Klassizität, dünkt mich, muss kommen«. (Mann, Essays, GKFA 14.1, S. 304)

Die Abkehr Manns von Wagner wird auch in folgendem Zitat deutlich, das erkennen lässt, dass die Beschäftigung Thomas Manns mit der Neuklassik ihn weiter an Goethe herangeführt hat, der ihm als guter Gegensatz zu Wagner erschien (Hansen 2013, S. 92). Man sollte, schrieb er im September an Julius Bab, die Deutschen »vor die Entscheidung stellen: Goethe oder Wagner. Beide zusammen geht nicht« (Brief an Julius Bab vom 14. September 1911; GKFA 21, S. 479). Verglichen mit Wagner – »diesem schnupfenden Gnom aus Sachsen mit dem Bombentalent und dem schäbigen Charakter« – erschien ihm Goethe »ein unvergleichlich verehrungs- und vertrauenswürdigerer Führer und Nationalheld« zu sein.

Für die in diesem Kontext entstandene Diskrepanz Thomas Manns zu Richard Wagner hatte es, neben einer Weiterentwicklung der künstlerischen Ansichten Manns, noch zwei weitere entscheidende Gründe gegeben (Hansen 2013, S. 92): »Zum einen war es der Mangel an Literatur, den Thomas Mann während seiner Arbeit an seinem 1908 begonnenen, allerdings nicht fertiggestellten großen Literatur Essay ›Geist und Kunst‹ (Wysling 1967, S. 123–233), dem Komponisten vorwarf. Dass man in Deutschland den ›Literat als Schimpf‹ betrachte und ›Literatur gleich Unkunst‹ auffasse, sei von Wagner her durchgesickert[.]« (Zit. nach Wysling 1967, S. 167) Wagner sei geradezu deutsch in seiner Literaturfeindschaft. Als »Anwalt der Literatur und ihrer intellektuellen Würde« störte den Nietzsche-Anhänger Thomas Mann diese Unterschätzung erheblich, und er versuchte sich unter u. a. gegen den »Hegemonieanspruch des Gesamtkunstwerks« und die »Privilegierung des Theaters gegenüber dem Roman ›zur Wehr zu setzen‹« (Vaget 2006, S. 327 / 328). Sein Fragment gebliebener Essay »Geist und Kunst« war dann geradezu als eine Art »Anti-Wagner« gedacht (Wysling 1967, S. 128).

Der andere Grund für Thomas Manns Distanzierung von Wagner war eine »neue Generation«, die er beobachtete: »Fühle da viel Neues, Zukünftiges Junges, Symptomatisches«, viel »neue Generation«, viel »Heraufkommendes. Gesundheit, kultivierte Leiblichkeit, vornehme Natur, vornehmes Wohlsein u. dergl.« (Zit. nach Wysling 1967, S. 207) »Für sie galt, dass der Einfluss des amerikanischen Dichters Walt Whitman auf sie größer sei als der Wagners[.]« (Zit. nach Wysling 1967, S. 208)

Bereits um 1910 hatte Thomas Mann in dem amerikanischem Dichter Walt Whitman den neuen demokratisch gesinnten Helden der Regenerationsbewegung erkannt, der den Jüngeren mehr zusagte als Wagner (Hansen 2013, S. 107). Im Frühjahr 1922 dann warb er selbst für den amerikanischen Dichter, der den Deutschen mit seiner »zukunftsmächtigen Humanität zum Segen gereichen kann, wenn wir sie aufzunehmen wissen« (Hans Reisigers Whitman Werk Mann, GFKA 15.1, S. 494). Denn für ihn war nun das, was Whitmann Demokratie nannte, nichts anderes als, altmodischer benannt, »Humanität«. Diese Aussage wiederholte er 1922 in seiner Rede »Von deutscher Republik«, die 1923 publiziert wurde (Mann 1923).

Während des Ersten Weltkriegs ließ nach Hansen (2013, S. 96) Thomas Manns zwischenzeitliche Distanz zu Wagner wieder nach. In dem Augenblick, in dem er sein eigenes Musizieren existenziell bedroht sah – und damit Kunst und Musik überhaupt –, lehnte er sich wieder eng an Wagner als zentrale Bezugsperson seines künstlerischen Selbstverständnisses an – und machte damit einen Schritt zurück.

»Ist nicht Musik überhaupt die eigentlich romantische Kunst?«, fragte Thomas Mann in seinem 1917 veröffentlichten Aufsatz »Musik in München« (Hansen 2013, S. 96/97) und antwortete auf die Frage, was das Romantische sei, mit Blick auf Franz Schuberts Liederzyklus op 89: »Die Winterreise könnte es lehren. Es ist das Volkstümlich-Dämonische. Es ist die Kunst, die tief und doch allgemein verständlich ist, die hoch und nieder angeht, Wissende und Einfältige gleich stark, wenn auch auf verschiedene Weise in Atem hält; es ist die Kunst, die zusammenhält und brüderlich bindet ... ja, das Romantische ist das Nationale ... die Musik ist die Nationalkunst Deutschlands.« (GKFA 5.1, S. 198)

Es war der Versuch, im Angesicht der Zeitenwende die Kulturnation zu verteidigen, die über Musik und Kultur aus Thomas Manns Sicht ihre Identität bezog. Die Politik, gegen die er ankämpfte, betrachtete er als »Verdrängerin der Musik«. (GKFA 13.1, S. 331)

Im Zusammenhang mit seiner Mitgliedschaft in der Sektion für Dichtkunst fand Thomas Mann 1926, dass der Name »Sektion für Dichtkunst« zu »meistersingerlich« sei und in Zukunft verändert werden sollte in Sektion für Literatur, um sich nicht dauerhaft nur auf das rein Poetische zu beschränken, sondern auch das kritisch-essayistische und das historisch-kulturphilosophische Element mit einzubeziehen. Die Wortwahl »meistersingerlich« lässt den kritischen Ton gegenüber Richard Wagner anklingen, den Thomas Mann zwischen 1914 und 1918 verlassen hatte, der inzwischen aber wieder eine größere Rolle bei Thomas Mann spielte (Hansen 2013, S. 177).

Mann wurde in seiner Einstellung zu Wagners Musik von verschiedenen Autoren maßgeblich geprägt. Darauf hat insbesondere Kurzke in seinem umfangreichen Kommentarband zu Thomas Manns »Betrachtungen eines Unpolitischen« an verschiedenen Stellen hingewiesen. Im Rahmen dieses Beitrags kann aus Platzgründen darauf nur beiläufig eingegangen werden. Insbesondere ist der Einfluss Nietzsches mit seiner Wagner-Kritik zu erwähnen, u. a. die Schriften »Der Fall Wagner« und »Nietzsche contra Wagner«, Nietzsche-Werke, Bd. 8, Naumann Verlag, Leipzig 1985, Schriften, die Thomas Mann gelesen hat, wie er u. a. in »Geist und Kunst« erwähnt hat.

Mangel an deutscher Naivität und französischer Raffinesse bescheinigt Nietzsche sowohl in »Der Fall Wagner« als auch in »Nietzsche contra Wagner« mehrfach. Aber ähnlich wie bei Wagner gab es auch bei Nietzsche Zeiten größter Faszination durch Wagner. Man lese z. B. Nietzsches Ausführungen über den Tristan: »Aber ich suche auch heute noch nach einem Werke von gleich gefährlicher Faszination, von einer gleichen schauerlichen und süßen Unendlichkeit, wie der Tristan ist – Ich suche in allen Künsten vergebens …« (Nietzsche, Kritische Studienausgabe, Bd. 6, S. 289, zit. nach Kurzke 2009, S. 200) In Kontrast dazu stehen Sätze wie die folgenden aus dem Beginn von »Völker und Vaterländer« (Jenseits von Gut und Böse, Nr. 240,

GOA VII, S. 204), die sich auf das Vorspiel zur Oper »Meistersinger« beziehen: »Alles in allem keine Schönheit, kein Süden, nichts von südlicher feiner Helligkeit des Himmels, nichts von Grazie, kein Tanz, kaum ein Wille zur Logik; eine gewisse Plumpheit sogar, die noch unterstrichen wird …« Im weiteren Verlauf des Zitats wird die kritische Haltung immer massiver: »diese Art von Musik drückt am besten aus, was ich von den Deutschen halte: sie sind von Vorgestern und Übermorgen, – sie haben noch kein Heute« (zit. nach Kurzke 2009, S. 203). Aus dem gleichen Werk und an der gleichen Stelle folgt eine weitere Aussage zum Meistersinger-Vorspiel, die insgesamt positiver klingt. Man spürt in den hier zitierten Aussagen die Nähe oder sogar vorbildhafte Funktion zu einigen Passagen Thomas Manns über Wagners Musik.

Auf andere für Thomas Mann in Bezug auf Wagner wichtige und einflussreiche Autoren wie Arthur Schopenhauer, Charles Beaudelaire (1861), Wilhelm Peterson-Berger (1917), Houston Stewart Chamberlain (1895), Carl Friedrich Glasenapp (1894) kann hier aus Platzgründen nicht eingegangen werden.

Diese Ausführungen machen deutlich, woher die kritischen Aussagen in Thomas Manns Wagner-Festvorträgen kamen. Versucht man das Verhältnis Thomas Manns zu Richard Wagners Schaffen auf der Basis zusammenzufassen, so ergibt sich, dass Thomas Mann zwar Wagner zuneigte, dies aber mit erheblicher Ambivalenz, die obendrein im Laufe der Zeit schwankte. Sein zeitkritischer und kunstanalytischer Sachverstand und u. a. auch Nietzsches Sicht Wagners ermunterten ihn zu einer ebenfalls kritischen Einstellung. »Manches an Wagners Schriften schien ihm nicht mehr nachvollziehbar, angestaubt, vergangener Epoche zugehörig. Er versuchte zu ergründen und sich Rechenschaft abzulegen, wie es komme, dass sein musikdramatisches Schaffen ihn in seinen Bann ziehe, obwohl ihm das nationalromantische

Pathos von Wagner fremd geworden war. Er empfand einen starken Dissens zwischen seiner Empfänglichkeit für Wagners Musik und deren weltanschaulichem, quasi religiösem Anspruch, mit dem er nicht einiggehen konnte.« (Erdmann 2018, S. 444) Wagner als Beispiel göttlicher Inspiration, als Zeugnis mythologisch überhöhten Nationalkults, als Ersatzreligion für verblasste christliche Glaubenswelten und Mysterienspiele schien ihm nicht akzeptabel. »Er löste sich von ergriffener, huldigender Verehrung, hinterfragte die erstaunliche Wirkung seines Werkes. Und dies auf gleichen Wegen, mit gleichen Methoden, mit denen er alles menschliche Geschehen hinterfragte: distanziert, verobjektivierend, skeptisch, ironisch kommentierend. Er rückt Wagners Schaffen in die Distanz historisch-kritischer Betrachtung.« (Erdmann 2019, S. 444)

Schlussfolgerungen

Nach dieser sorgfältigen, wenn auch aus Platzgründen beschränkten Analyse der Beziehung Thomas Manns zu Richard Wagner als Hintergrund der Festreden zu dessem 50. Todestag muss betont werden, dass diese komplexe Thematik, soweit aus den Wochenprotokollen des Rotary Club München bekannt, keine Rolle in den Gesprächen mit den Mitgliedern des Rotary Club München gespielt hat. Lediglich die kritischen Aussagen in den Vorträgen über Wagner zu dessen 50. Todestag bekamen eine erhebliche Aufmerksamkeit, allerdings offenbar nur einiger weniger Mitglieder, die darauf sehr massiv reagierten. Alle anderen Mitglieder haben sich offensichtlich für dieses Thema, genauer gesagt für den »Münchner Protest«, nicht besonders interessiert.

Die kritischen Aussagen, die Thomas Mann zur Musik/zum Werk Richard Wagners in den Festreden zu dessem 50. Todestag gemacht hat, bekommen auf der Basis der detaillierten Analyse des Verhältnisses von Thomas Mann zu Wagners Musik/Werk aber einen geistigen Hintergrund, der deutlich macht, dass diese kritischen Aussagen nicht ein einmaliges Ereignis waren, sondern eine längere Vorgeschichte haben, die das Schwanken Thomas Manns zwischen positiven und negativen Einstellungen zu Richard Wagner und seinem künstlerischen Schaffen als immer wieder sich manifestierende Ambivalenz, als immer wieder bemühtes Ringen um die richtige Beurteilung, erkennbar werden lässt. Der geistige Hintergrund dafür sind u. a. insbesondere die Wagner-bezogenen Schriften Nietzsches, aber auch die Entwicklung der zeitgenössischen Kunst- und Musikauffassung. Auf diesem geistigen Hintergrund werden die kritischen Aussagen Manns in den Festreden zum 50. Todestag Wagners besser nachvollziehbar. Wäre diese komplex determinierte und ambivalente Sichtweise Thomas Manns den Mitgliedern des Rotary Club München bekannt gewesen, wäre es möglicherweise nicht zur Teilnahme einiger Mitglieder des Clubs am »Protest der Richard-Wagner-Stadt München« gegen die Wagner-Vorträge Thomas Manns gekommen.

Literaturverzeichnis

BAUDELAIRE, CHARLES: Richard Wagner et »Tannhäuser« à Paris, 1861. In: Bruhns, Max (Hrsg.): Charles Baudelaires Werke in deutscher Ausgabe. Bd. III. Minden 1902.

BÄUMLER, KLAUS: Thomas Mann und der »Protest der Richard-Wagner-Stadt München« (1933). Mit dem unbekannten Briefwechsel zwischen Thomas Mann und Oberbürgermeister Karl Scharnagl sowie einem biographischen Anhang der Unterzeichner. In: Heißerer, Dirk (Hrsg.): Thomas Mann in München. Bd. 2. München: Peniope Verlag 2004. (Thomas-Mann-Schriftenreihe, Bd. 4).

CHAMBERLAIN, HOUSTON STEWART: Richard Wagner. Bruckmann Verlag 1895.

ERDMANN, PAUL: Rotarier unterm Hakenkreuz. Anpassung und Widerstand in Stuttgart und München. Stuttgart: Salier Verlag 2018.

GLASENAPP, CARL FRIEDRICH: Das Leben Richard Wagners in 6 Bänden. Leipzig: Breitkopf und Härtel 1894.

HANSEN, SEBASTIAN: Betrachtungen eines Politischen. Duisburg: Wellem Verlag 2013.

HEINE, GERT / SCHOMMER, PAUL: Thomas Mann Chronik. Frankfurt am Main: Vittorio Klostermann Verlag 2004.

HEISSERER, DIRK / VOSS, EGON (HRSG.): Richard Wagner. Vortrag (1933). Edition und Dokumentation. Würzburg: Königshausen und Neumann Verlag [2]2018. (Thomas-Mann-Schriftenreihe, Bd. 7).

HÜBINGER, PAUL EGON: Thomas Mann, die Universität Bonn und die Zeitgeschichte. Drei Kapitel deutscher Vergangenheit aus dem Leben des Dichters 1905–1955. München / Wien: Oldenbourg Verlag 1974.

KOLBE, JÜRGEN: Heller Zauber. Thomas Mann in München 1894–1933. Berlin: Siedler Verlag 1987.

KURZKE, HERMANN (HRSG.): Betrachtungen eines Unpolitischen: Kommentar. Frankfurt am Main: S. Fischer Verlag 2009. (Thomas Mann, Große kommentierte Frankfurter Ausgabe. Werke, Briefe, Tagebücher, Bd. 13.2).

MANN, THOMAS: Einkehr: Die neue Rundschau. Jg. 28, Heft 3 (1917), S. 341–354.

MANN, THOMAS: Betrachtungen eines Unpolitischen, Berlin: S. Fischer Verlag 2018.

MANN, THOMAS: Betrachtungen eines Unpolitischen. Berlin: S. Fischer Verlag [2]1922.

MANN, THOMAS: Betrachtungen eines Unpolitischen: Text. Frankfurt am Main: S. Fischer Verlag 2009. (Thomas Mann, Große kommentierte Frankfurter Ausgabe. Werke, Briefe, Tagebücher, Bd. 13.1).

MANN, THOMAS: Von deutscher Republik. Berlin: S. Fischer Verlag 1923.

MANN, THOMAS: Deutsche Ansprache. Ein Appell an die Vernunft. Berlin: S. Fischer Verlag 1930.

MANN, THOMAS: Leiden und Größe Richard Wagners. Berlin: S. Fischer Verlag 1933.

MANN, THOMAS: Die Forderung des Tages. Abhandlungen und kleine Aufsätze über Literatur und Kunst. Berlin: S. Fischer Verlag 1986.

MANN, THOMAS: Gesammelte Werke in dreizehn Bänden. Taschenbuchausgabe. Frankfurt am Main: S. Fischer Verlag 1990.

MANN, THOMAS: Werke – Briefe – Tagebücher. Große kommentierte Frankfurter Ausgabe (GKFA) in 38 Bänden. Frankfurt am Main: S. Fischer Verlag 2002 ff.

MANN, THOMAS: Arnold Schönberg: Apropos Doktor Faustus. Briefwechsel Arnold Schönberg – Thomas Mann 1930–1951. Wien: Czernin Verlag 2008.

MARX, JOSEPH: Thomas Mann über Richard Wagner. In: Neues Wiener Journal 43 (1935), S. 8.

NIETZSCHE, FRIEDRICH: Nietzsches Werke. 1. Abteilung. Bd. 8. Leipzig: Naumann Verlag 1895.

PETERSON-BERGER, WILHELM: Richard Wagner als Kulturerscheinung. Leipzig: Breitkopf und Härtel 1917.

SCHRÖTER, KLAUS: Thomas Mann im Urteil seiner Zeit. Dokumente 1991–1955. Hamburg 1969.

UNSCHULD, PAUL U. (HRSG.): Chronik des Rotary Club München 1928–2003. München: Cygnus Verlag 2003.

VAGET, HANS-RUDOLF: Seelenzauber. Thomas Mann und die Musik. Frankfurt am Main: S. Fischer Verlag 2006.

VAGET, HANS-RUDOLF: Musik in München. Kontext und Vorgeschichte des »Protestes der Richard-Wagner-Stadt München« gegen Thomas Mann. In: Heftrich, Eckhard / Sprecher, Thomas (Hrsg.): Thomas Mann Jahrbuch. Bd. 7. Frankfurt am Main: Vittorio Klostermann Verlag 1994, S. 41 ff.

VAGET, HANS-RUDOLF: Im Schatten Wagners. Thomas

Mann über Richard Wagner. Texte und Zeugnisse 1895–1955. Ausgewählt, kommentiert und mit einem Essay von Hans-Rudolf Vaget. Frankfurt am Main: S. Fischer Verlag 1999.

WALTER, BRUNO: Thema und Variationen. Erinnerungen und Gedanken. Frankfurt am Main: S. Fischer Verlag 1967 / [2]2005.

WYSLING, HANS: »Geist und Kunst«. Thomas Manns Notizen zu einem »Literatur Essay«. In: Scherrer, Paul / Wysling, Hans (Hrsg.): Quellenkritische Studien zum Werk Thomas Manns. Bern: A. Francke Verlag 1967, S. 123–233.